掌握孩子需求的7大關鍵心理 × 66個例句解析

打造快樂的親子關係

與孩子對話的

堂

練習課

曾田照子／著

速水えり／插圖

黃筱涵／譯

在培養孩子的自信之餘，減輕育兒的煩惱與壓力吧！

大家好，我是曾田照子。在照顧三個女兒之餘，我從事廣告或書籍文章的撰寫工作已經超過二十年了。在兼顧意外狀況頻繁的育兒生活與處理「文字」的工作當中，我發現了一個事實，那就是「只要改變說話方式，就能夠改變育兒生活」。

為人父母，無論誰都會希望「孩子能夠擁有自信」。

只要有自信，無論遇到多少困難，都能夠繼續挑戰，心想「我還可以繼續！」並憑自己的力量重新振作，或者心想「那就試試看別條路吧！」然後積極調整方向。

就算遇到挫折或失敗了，也能夠心想「我一定可以！」。

想要讓孩子充滿著自信，就必須：

・想要讓孩子充滿著自信。

・孩子失敗時，不貶低孩子。

・孩子主動想做什麼時，不隨便否定。

・認同孩子最真實的面貌，並採用正面話語。

也就是說，要懷著愛情，將孩子視為獨立的個體來尊重。

沒錯，相信願意拿起本書的讀者們，應該都明白這個道理吧？

但是……知道與實際上辦不辦得到是兩碼子事。

在日常的忙碌生活中，我們難免會對無法如自己期望行動的孩子感到煩躁，甚至不小心對孩子說出過分的話，各位是否也有過這樣的經驗呢？（……我就曾有過這種經驗，雖然明知道這樣不對。）

然後陷入自我厭惡之中，對育兒完全失去信心，各位也會這樣嗎？（這對我來說同樣是家常便飯，沮喪後面對孩子又變得更加沮喪，結果陷入惡性循環當中，這樣的事情也不是一次兩次而已。）

仔細觀察周遭，我發現經常會有這樣的狀況：愈是認真思考孩子的事情，愈是想正面迎戰育兒挑戰的爸爸或媽媽，就愈容易說出與內心期望相反，「讓孩子失去信心的話」……。

明知道卻做不到的苦楚，事與願違的育兒過程，真的很讓人煎熬。

我認為想要從中解脫的話，最重要的是必須隨時意識自己所說的每一句話。

本書將依常見的育兒困擾，說明對孩子說話時的訣竅。

只要利用簡單的話語，就能夠讓孩子的自信心成長茁壯。

而善用增加孩子自信的話語，父母本身也會更加從容，對育兒自然也會更有信心。

改變說話方式不需要特別的道具，也不需要上課或花錢，只需要稍微轉換自己的想法，因此每個人都能夠立即開始。

而且效果也相當卓越（當然也會因人而異），請各位務必參考本書嘗試看看。

3

目錄

前言 2

第3章

「我想挑戰！」的幹勁 有助於打造孩子的自信。

第4章

「我辦得到！」的成就感 能夠確立孩子的自信。

第5章

「父母守護著自己」的信賴感有助於拓展孩子的自信。

日文版封面設計／萩原弦一郎（デジカル）

內文設計／デジカル

DTP／ユニット

本書是將《ママ、言わないで！子どもが自信を失う言葉66》配合2020年3月為止的現況加筆、修正而成。

第1章
讓孩子實際體會到「自己備受珍惜」，
是自信的重要基礎

不做人身攻擊

「你是笨蛋嗎？」

常常被罵「笨蛋」的話，就會真心認為「自己是笨蛋」。

重要性 ★★★★☆

孩子經常忘東忘西、成績不好、靜不下來、提醒了也沒在聽，每件事情都要唸真的很累人。

最後父母忍不住崩潰說出：「你是笨蛋嗎？」

☆ 多加出言稱讚！

就連撰寫這種書的我，都不敢斷定自己從未罵過孩子「笨蛋」……不，其實真的有罵過。

我並不是在幫自己找藉口，但其實偶爾說句「笨蛋」也無妨。畢竟父母也是人類，難免會有情緒上來的時候。會有情緒也是因為很認真在教育孩子的關係，所以我認為將

失去自信。

反正我是笨蛋，努力了也沒意義。

這種想法傳達給孩子，應該不是一件壞事。

開玩笑或玩耍時說出口當然沒問題，搭配「你真笨耶」、「阿呆」等吐槽也是一種健全的溝通方式。

家長應該要避免的是在日常生活中一直貶低孩子，如果每天都罵孩子「笨蛋」的話，孩子就會認為「自己真的是笨蛋」並且

發明王愛迪生小時候也被周遭的人視為笨蛋，只有母親持續地教育告訴他：「你才不是笨蛋。」並滿懷熱誠地教育他。

結果愛迪生的母親也跟著認為「我的兒子是笨蛋」的話，或許燈泡等無數的發明就不會問世了。

當我想想罵孩子「笨蛋」的時候，就會想起「天才與傻瓜只有一線之隔」這句話，並轉而稱讚孩子（笑）。

改變遣詞用字不但會改變自己的觀點，或許還會發現從未注意到的才能。光是不貶低孩子這件事，我想就已經是一件好事了。

想要改善孩子讓人不禁想罵「笨蛋」的行為時，在稱讚過後說出具體的「期許」，像是「你這麼聰明，希望你現在能這樣做」或許就能夠順利改善。

換句話說！
「好厲害！天才！」
「太棒了！」

你是
洗碗天才!!

爸爸也是被稱讚就會成長呢。

「不准哭！」

強迫孩子止住眼淚，有時會造成反效果。

重要性
★ ★ ★ ☆ ☆

我的孩子是個性軟弱的愛哭鬼，玩具被比自己年紀小的小朋友搶走會哭，有時光是蚊子飛過來就淚眼汪汪，讓人不禁擔心他的未來……。

☆ 告訴孩子哭也無妨。

明明已經不是小嬰兒卻很容易哭出來的孩子，內心似乎特別纖細，對他人的想法也很敏感。

因此就算他們不想哭，眼淚也會忍不住流下來。

我們經常會聽到「家長要替孩子說出他們的情緒，並仔細傾聽孩子想表達的話語」。

我也不想哭，
但是眼淚就
停不下來……

等孩子慢慢學會用話語表達自己的情緒後，以眼淚代替述說的機率就會減少。

但是，實際嘗試過後，我發現這件事相當困難……我也曾經失敗過。

不但孩子的話語很難理解，當我想要替孩子說出他的心情時，孩子也一直堅稱「不對！」然後繼續哭……愈是想溫柔地對待孩子，就會變得愈煩躁，最後忍不住說出「不

孩子比平常更快地轉換了情緒。

這讓我不禁思考，也許父母太在意孩子哭的這件事了。

仔細想想，哭泣並不是一件壞事，對身體也沒有什麼害處。

甚至還有研究報告顯示「壓力物質會隨著眼淚排出體外」。

因此孩子在哭的時候，不必強迫孩子停止哭泣，將孩子帶到不會吵到他人的場所，讓孩子盡情大哭，或許也是消除壓力的一種方式。

話說回來，大人看了很感動的電影而哭出來後，心情也會爽快許多對吧？

你想哭多久
就哭多久…

嗚哇哇哇

准哭！」，結果孩子嚇到後又哭得更大聲——陷入這種惡性循環的經驗，可不是一次兩次而已。

反覆經歷這種情況的話，親子雙方肯定都會失去自信。

某天，我實在疲於應付，對孩子說「就哭到你開心為止吧」然後就放著不管了。

原以為「他應該會哭得更激烈吧」，沒想到孩子卻馬上不哭了。

或許是「哭也沒關係」的安全感，幫助

換句話說！

「你很難過吧？」
「哭出來也沒關係喔。」

『不能和其他人一樣嗎？』

這樣是否過度順應他人價值觀，忽視了孩子本身的價值呢？

重要性
★ ★ ★ ☆ ☆

我的孩子不懂得觀察周遭的氣氛，在幼稚園時也總是一個人亂晃……不會像其他小朋友那樣玩耍。

就算問孩子「不能和其他人一樣嗎？」孩子好像也不明白。

☆ **獨特＝擁有他人所缺乏的魅力！**

我小時候曾經因為母親一句「你就不能跟別人一樣嗎？」而感到受傷，雖然我覺得自己很正常，但是似乎與母親認知中的「正常」不太一樣。

直到長大之後，我才總算明白母親所謂的「正常」，是指「能夠看懂氣氛，配合大多數的人，平淡穩妥地度日」。

為什麼會被罵呢？
我哪裡做錯了嗎？

這或許是因為日本有「棒打出頭鳥」的傾向，所以孩子出生後，如果有哪裡「和別人不太一樣」時，家長就會特別敏感並覺得擔憂。

我也忘了自己曾因此困擾受傷過，對自己的孩子們說出「要和大家一樣」，或心想「拜託你正常一點！」。

之前孩子的體重增加狀態脫離成長曲線讓我很在意時，某個幼兒園的老師告訴我：

16

我家孩子

每次搭公車都會這樣…

「所謂的『正常』範圍其實很廣。」

世界上沒有身高、體重、性格、喜好等全都在平均值的人。

每個人都有稍微脫離平均值的地方，是很「正常」的。

國外將「有個性」視為優點，據說「獨特」這個字是用來稱讚人的。

與別人不同的地方，才更有可能是這個人的風格或是優點。

看似奇特的孩子、缺乏協調性的孩子，或許也會因為無法好好配合周遭的人，而感到傷心。

我想這時不需要對孩子說「請你正常一點」，只要告訴孩子「你有很多優點喔」就可以了。

真的很在意孩子的奇特之處時，就找發育相關的機構諮詢吧。和專家一起思考該怎麼幫助孩子拓展優點、遮掩缺點，就可以陪孩子慢慢練習。

換句話說！

「你有很多優點喔！」

『因為你長得不好看』

直接將孩子認定為不好的一方，會很傷孩子的心。

重要性 ★★★☆☆

女兒長得像父母，容貌的「精緻度」稍有不足，於是家長經常告訴女兒：

「因為妳長得不好看，所以要親切點，平常要保持笑容。」

☆成為型男美女需要的是「自信」。

我認為內心的美比外表的美更有價值。

總是笑臉迎人的人非常棒對吧？

但是如果保持微笑的理由是「因為自己長得不好看，所以至少要保持微笑」，那就有些悲傷了。

「因為你某方面不行，所以必須這麼彌補」的說法乍看之下很積極，但是以「某方面不行」為前提，是會傷害孩子的心靈的。

就算沒有真的傷到孩子的心，也可能讓孩子在不知不覺間深深認為「自己長得不好看，所以必須想辦法彌補」。

容貌遭到批評或嘲笑時，就算當場佯裝沒那麼受傷，內心深處的自信仍會逐漸被侵蝕，最後演變成嚴重的心結。

我從來沒想過這種事……

媽媽好過分！

在孩子內心種下容貌方面的心結一點好處也沒有。

如果孩子長大後滿心都是「醜女化妝也沒用」、「我不帥所以交不到女朋友」的話就太悲傷了，所以請家長別再說出這些殘忍的話了。

曾任日本環球小姐賽事總監的伊納斯・利格隆女士就曾說過：「自信是變美的重要關鍵。」所以讓孩子有自信是很重要的。

為什麼長這樣的爸爸媽媽，能夠生出這麼可愛的我呢？

這算教育成功嗎…？

我家女兒們遺傳到雙親的平凡外貌，但我總是告訴她們：「我已經把妳們生得很美了，剩下的就要靠自己努力囉。」

美的標準因人而異，所以只要稱讚孩子「很美／很帥」就可以了。

無論哪一種外貌都會有各自的優點，例如深邃的五官看起來「很有毅力」、「表情鮮明」，平坦的五官看起來「樸素溫柔」、「療癒系」等，肯定找得到好的一面。

換句話說！
「好可愛。」「好帥。」
「笑容很迷人！」

「真邋遢！」

服裝儀容、整潔……為什麼會這麼在意邋遢呢？

重要性 ★★☆☆☆

看到兒子這麼邋遢就覺得煩。

頭髮總是亂糟糟……

衣襬跑出來也不在乎、

衣服脫下來就丟著、

玩具總是丟滿地不肯收、

☆ 先降低標準並具體指導孩子。

無論大人多麼想追求井然有序的生活，只要有孩子後，家裡就會變得散亂骯髒。所以認清現實，接受一定程度的「邋遢」會比較好。

但是，看到亂糟糟的房間與滿地亂丟的衣服，內心還是會感到壓力。

就算知道育兒生活難免邋遢，我偶爾也

什麼都不想做了。

好麻煩……

每件事都一直唸

會想吶喊：「我受夠這麼髒亂的環境了！」

某位前輩媽媽告訴我「這時妳就試著去想像2種孩子吧」。

① 為了回應父母的期待，忍著不去做想做的事情，結果一直不斷累積壓力的「認真孩子」。

② 穿著皺巴巴的襯衫，滿臉燦爛笑容跑來跑去的「邋遢孩子」。

哪一種比較好呢？

我想應該是後者吧。

在過度限制下長大的孩子不容易產生自信，稍微降低內心的標準，才能讓全家人都面帶笑容。

我告訴自己，與其嚴格要求孩子「必須收拾乾淨、必須穿好衣服」，大家都能歡笑度日會比較快樂。

雖然有沙子還是可以喝!!

太熱了要脫衣服

我很喜歡這樣的你喔。

儘管如此，考量到孩子的將來，家長還是會希望讓孩子學會「確實」穿好衣服、整理房間。

為此，身旁的大人必須很有耐心地反覆指導做法。

這時關鍵在於不要一直嘮叨著「快點整理好」、「用心一點」等。

而是陪孩子一起動手，同時具體指示應該怎麼做，例如「把襯衫衣襬紮好」、「玩具的家在哪裡呢？」、「鞋子要擺整齊喔」、「看完的書要放回原位喔」。

在孩子確實做好時，出言稱讚「你整理得好乾淨，我好開心喔」、「這樣比較帥喔」等等，也是很重要的事情。

換句話說！

「一起整理吧。」
「把襯衫的衣襬紮起來比較帥喔。」

「壞孩子」

隨便冠上「壞」字只有壞處而已。

重要性 ★★★★★

用蠟筆在牆壁塗鴉，
或是弄髒鄰居曬的衣服……
惡作劇得太過分，
會讓人不禁怒斥：「壞孩子！」

☆ 壞的不是孩子，是「行為」。

世界上沒有天生的壞孩子。

但是常常會發生稍微一不注意，孩子就惡作劇讓人忍不住慘叫的事。

這種時候，罵出「你這個壞孩子！」的話，會讓孩子將自己的存在與「壞」相連，認為「原來我是壞孩子啊」而難以培養出自信心。

我又不是故意的，
為什麼要認為我是
壞孩子？

因此責罵孩子時，應該聚焦在孩子的行為而非人格上，比如跟孩子說「不要再做○○了」就好。

我的娘家還留有一張我小時候的照片，當時我用嬸嬸的化妝品將整張臉塗全白。拍照的人是我父親，他經常拿著這張照片糗我說：「妳以前很愛惡作劇！」

孩子做出什麼事情時，若是沒有危險的

撕下壁紙…

嘩啦啦

總是自己默默進行，根本注意不到…

在榻榻米上塗鴉…

不過…最近還開始署名…

彩織

話，在斥責前先拍張照片，其實是個不錯的點子。

大部分的情況下，大人都會在拍照時轉而覺得「算了」，甚至能夠以正面心態接受這件事情，心想：「等你長大，我就要拿這張照片笑你！」

接著就可以深呼吸，問孩子「該怎麼收拾才好？」、「真傷腦筋，該怎麼辦呢？」引導孩子自己思考，有時候孩子還會主動說出：「對不起，我以後不會再做了。」

換句話說！

「別再○○囉！」
「你竟然這樣！」
「我有好好看著你喔。」

在電車吵鬧、在人前打滾鬧脾氣等等，當孩子「刻意」表現成壞孩子的時候，往往是在表達「不管是要罵我還是生氣都無所謂！快點理我！媽媽不要無視我！」

這時請確實看著孩子的雙眼，讓孩子知道「我有好好看著你喔」，有時這麼做就能夠讓孩子停下「壞行為」。

07

『你明明是男生／女生』

以性別為由強迫孩子表現出特定行為，會摧毀孩子的自信。

重要性
★ ★ ★ ☆ ☆

長子身為男生卻愛玩娃娃，妹妹是個女生卻個性強悍，總是惹哭哥哥。

真希望哥哥像個男生，妹妹像個女生啊……。

☆ 認同孩子的個性吧。

想激勵兒子所以說出：「男兒有淚不輕彈！」希望女兒優雅一點就說：「女孩子說話不可以這麼粗魯！」等等……有時大人難免會像這樣，期望孩子的行為「符合」自己的性別對吧？

但如果只因為「你是男生」、「妳是女生」這種性別因素，就要求孩子改變行為的

話，是培養不出孩子的自信的。

有位少年因為是男孩子，所以從小就被迫接受足球的英才教育，但是他卻表示「雖然我喜歡踢足球，但是我不喜歡足球。我喜歡的是畫畫」，他似乎認為「總覺得喜歡繪畫的自己，在家裡會格格不入」。

某位女性也說，自己從小就一直聽家人說「如果妳是男生就好了……」。結果長大

做自己不好嗎？

24

之後心裡仍一直覺得「都是因為自己生而為女性，讓父母很失望」。

我們家會了個人一起玩布偶…

即使同樣是女生，也有乖巧的孩子、會強烈主張自我的孩子、喜歡穿裙子的孩子、喜歡做菜的孩子、想成為戰隊英雄的孩子、想打棒球的孩子，個性五花八門，男生也是如此。

大人基於常識，將「男生應該這樣」、「女生應該這樣」的印象強壓在孩子身上，導致孩子失去對自己個性的自信心，那就太可惜了。

男生的樣子、女生的樣子都只是一種行為模式，任誰在性別之前，都會有「自己的樣子」。

強迫孩子接受一般大眾的想法，用性別的刻板印象去養育孩子的話，很容易讓孩子認為「都是自己不好」、「我沒有出生就好了」。

想斥責動作粗魯的女兒或是沒毅力的兒子時，請不要將性別掛在嘴邊，只要一邊思考「為人應有的樣子」一邊仔細向孩子說明就好。

換句話說！

「你覺得這樣禮貌嗎？」
「做自己就可以了喔。」

08

「我最討厭你了」

是否將育兒壓力發洩在孩子身上了呢？

重要性
★★★★★

每天都和孩子獨處，覺得很厭煩。

照顧孩子很麻煩，孩子又很吵，

明明是自己的孩子，

卻完全不覺得可愛，

忍不住說出：「我最討厭你了！」

☆ 你的心是否被逼到絕境了？

聽到最喜歡的爸爸媽媽說討厭自己時，孩子的自我評價就會變低……事到如今不必多說，想必各位也已經知道這件事了吧？

儘管如此，我們做父母的難免還是有想對孩子說出「討厭你」的時候。

沒有父母會想要討厭自己的孩子，當然也不是真心討厭，只是被逼到極限了而已。

我被媽媽討厭了，

原來沒有我比較好啊。

「誰來救救我！」、「有沒有人能幫幫我？」這其實代表父母的內心在哀號著。

我發現當今的日本社會圍繞著一種氛圍，那就是「母親必須24小時給予孩子無限的愛」。

育兒相當艱辛，必須耗費體力、氣力與精神力，特別是育兒新手，盡是不熟悉的事

情，非常消耗心力。尤其愈是個性認真、溫柔的媽媽，愈容易不依賴他人，獨自承受這些辛勞。

媽媽感到疲憊、辛苦的時候，也是需要休息的。所以這時安排半天或幾小時也好，請將孩子託付給能夠信賴的人，休息一下，找回自己的步調。

就算育兒本身沒那麼辛苦，也會有母親覺得「討厭自己的孩子」。

孩子與母親都是人，彼此之間當然也有所謂的契合度。無視自己的感受，認定「必須喜歡自己的孩子才行」會讓自己變得更加痛苦。

無論是喜歡或討厭都不要鑽牛角尖，也是一種人生智慧。以前的人光為了生活就精疲力盡，沒有過度思考仍然順利將孩子養育成人。所以不妨換個思考方式，用古人的方法養育孩子也不錯。

更何況⋯⋯愛的相反不是討厭，是漠不關心才對吧？

會苦惱自己無法愛自己，其實也是一種愛。很在意自己無法喜歡孩子的媽媽，我想肯定與她的話語相反，內心一定有著對孩子的愛意。

好、好

雖然我不討厭你，但還是要睡一下⋯⋯

換句話說！

「最喜歡你了。」
「媽媽也要休息一下。」

27

09 「你這個騙子」

孩子說謊時必須嚴厲斥責，避免之後再犯？

重要性 ★★★★☆

我的孩子平常會說點小謊，例如有作業時卻謊稱沒有。

這讓媽媽相當難過，忍不住斥責「你這個騙子」。

☆ 比責備更重要的是「理由」。

說謊確實不好，最理想的親子關係是雙方能夠互相坦然說出自己的想法，不要對彼此說謊。

這個世界上或許有完全不說謊的人，但是大部分的成年人為了經營人際關係，難免會說點以「客套話」或「討人歡心」為由的小謊不是嗎？甚至還有「善意的謊言」這句

話呢。

孩子會開始說謊，也是因為逐漸長大，開始建立起包括謊言在內的複雜人性之緣故。

完全無視人性的複雜層面，硬是跟孩子說：「說謊是不對的！」會讓孩子認為「你不了解我的心情」、「你根本不在乎事情的來龍去脈」進而破壞親子間的信賴關係。

所以請先搞清楚原因，不要一開頭就責

> 既然妳這麼看待我，
> 我就變成
> 真正的騙子吧！

28

備孩子。

孩子也知道說謊是不對的，但是將孩子逼到不得不說謊的可能不是別人，就是爸爸或媽媽。

孩子有時候會為了逃避父母的責問，說出一下就會被拆穿的藉口想蒙混過去。這種時候，父母直接認定孩子是「騙子」的話，孩子說不定就會變成真正的騙子。

但是，也不能因此就裝作沒發現孩子在說謊。

發現孩子說謊的時候，只要以柔和的態

度指出「哎呀？你搞錯了吧？」即可。藉此讓孩子知道「對父母說謊是行不通的」。

幼童經常會說出不知道是真實還是作夢的話語對吧。

這其實就是想像力——也就是孩子的思考能力有所成長的證據。所以請不要隨口說出「騙人的吧？」，試著陪孩子一起天馬行空地想像吧。

換句話說！
「你搞錯了吧？」
「為什麼要這麼說呢？」

孩子討厭聽到的話，其實與父母是一樣的。請將孩子當成「獨立的人」加以尊重吧！

舉例來說……若有其他人不斷說自己是「笨蛋」的話，任誰都會陷入「自己是笨蛋」的迷思當中。因此持續否定、攻擊孩子的特色或性格等「人格」，會讓孩子迷失自己的價值。

但是也並非要大家勉為其難地稱讚孩子、吹捧孩子……。

我認為，只要試著調整自己的心態，認清「孩子與爸爸或媽媽一樣，都是獨立的人」就好。

我們身為父母，很容易覺得「因為是孩子」就把孩子當作笨蛋或是輕視孩子。

但是孩子也有情緒與個性，將孩子視為一個獨立的人來看時，就會注意到有些話語自己聽了也不開心，或是不會隨便向他人說出口。

平常請努力將孩子視為一個獨立的人來對待並尊重他，光是如此就能夠讓孩子感受到「自己受到珍視」，有助於建立自信的「基礎」。

第2章

「可以繼續待在這裡」的安全感
有助於培育孩子的自信。

不要把孩子當成障礙

10 「回去自己的房間念書」

孩子待在自己的房間，反而無法專注於念書？

重要性
★ ★ ☆ ☆ ☆

孩子雖然有自己的房間，卻總在廚房或客廳寫作業。

父母擔心孩子無法專注，就要求孩子：

「回去自己的房間念書。」

☆ 客廳和餐桌有助於提升成績。

既然都幫孩子準備房間了，不善加利用就太浪費了。

這是無所謂，但是某項調查發現，成功考上高門檻國中的學生，幾乎都是在客廳或廚房念書，而非在自己的房間。

數學問題與寫出正確國字的問題等等，大部分的作業對於孩子來說，都很難熬又很

麻煩。

一個人悶在房間裡，默默進行這些麻煩的作業，對成人來說也很辛苦對吧？更何況是好奇心與精力都很旺盛的孩子，更是一下子就厭煩了。

但是和家人待在同一個空間念書的話，就有助於避免這些問題。除了媽媽盯著的緊張感之外，或許也有家人守護著自己的安全感吧？

就算在念書
也想和家人待在一起，
一個人太無聊了。

32

光是意識到空間裡其他人的存在，就能夠加倍專心，這就像大人在咖啡廳或圖書館等等有其他人的場所，不知為何工作起來就格外順利一樣。

更何況，大人與孩子分處不同生活空間的話，就會愈來愈難看穿孩子的想法，也不曉得孩子正在做什麼。

讓孩子待在獨立的房間，除了保護孩子的隱私外，也有助於培養獨立的個性。但是老是把孩子趕回房間的話，就等於跟孩子說「在看不見的地方，就算你做什麼我也不知道」。

有時甚至會讓孩子認為「只要待在自己的房間，想做什麼都沒關係」，養成整天悶在房間裡的習慣。

孩子成長到青春期後，自然而然就會想要擁有「自己的空間」，所以在這之前，父母只要好好享受「親子空間」即可。

換句話說！

「在這裡念書如何？」
「作業寫完的話，也可以待在房間玩喔。」

「贊成」怎麼寫啊？

我不知道

我不知道啦～

簡直是客廳學堂啊…

呃…

11

『不要插手！』

一直拒絕孩子幫忙，會造成意想不到的負面影響。

重要性 ★★★☆☆

孩子「想幫忙」的心意雖然令人開心，但不管是打掃、洗衣服還是做飯，坦白說孩子插手反而會造成困擾！所以通常會出言拒絕：「不要插手！」

☆ 藉由幫忙累積孩子的生活經驗。

「請讓孩子多幫忙家事」、「生活體驗非常重要」……我們當然都明白這些道理，而且讓孩子實際體驗到「自己幫得上忙」，也有助於培養孩子的自信對吧？

儘管明白，但是孩子的「幫忙」卻反而會礙手礙腳的，大多數情況下只會徒增大人的工作。

所以身為父母，心情通常都很複雜。既想讓孩子幫忙，又不希望孩子插手。

我認為沒有餘裕讓孩子幫忙的時候，坦率拒絕也無妨。

雖然會有點過意不去，但是有時也需要給予孩子善意被拒絕的經驗。

這邊要特別注意的是拒絕方式。請避免嚴厲地說出「不要插手！」，要對孩子說「謝

我很想幫忙，但是媽媽卻嫌我礙事……

34

謝你，但是今天媽媽很忙，下次再麻煩你」等等，這樣也等於是向孩子示範如何以溫柔且令人舒服的態度「拒絕他人」。

卻已經認為「不做是理所當然的」、「那是媽媽的工作吧」，為時已晚。

孩子對大人做的所有事情都很有興趣、會想一模仿的年齡，僅到學齡前而已。

所以打鐵要趁熱，請及早為孩子建立「幫忙是理所當然」的觀念。

將孩子的幫忙定位成「協助做家事」，或許會覺得礙手礙腳。

但是從家事學習、食品知識教育、手指靈活度教育等角度來看，或許會認為就算得多花時間或總是失敗，也屬於一種「寶貴的經驗」……對吧？

我的某位朋友在孩子年幼時，因為嫌麻煩而不讓孩子幫忙，等到孩子上國中後才想說「差不多該讓孩子幫忙家事了」，結果孩子

換句話說！
「謝謝你！幫了我大忙。」
「下次再請你幫忙。」

「我不要這樣的小孩」

否定的話語也會讓自己更痛苦。

重要性 ★★★★★

每天的生活只有照顧孩子這件事情，工作與興趣都是遙不可及的夢想，連一點自己的時間也沒有。

忍不住就想著「我不要這樣的小孩」。

☆ 用療癒的話語蓋過去吧。

育兒並非只有快樂的事情，任誰都有過無論多麼努力，事情都無法如預期發展、無法獲得回報而覺得煎熬的時期。

孩子晚上哭到讓人無法入睡時，一直說不要不聽話時，讓人忍不住暴怒時……我有好幾次差點說出：「我不要這樣的小孩！」這種時候真的會讓人覺得非常煎熬、悽

原來媽媽覺得

沒生下我比較好啊。

慘，完全失去人生的希望。

父母並非真的不要自己的孩子。他們腦中也理解「育兒總是會有許多不順心的事」，但是孩子總是會不聽話或完全違背自己的期待……這時「我不要這樣的小孩！」其實只是父母心中在吶喊「稍微體諒我的心情啊！」。

但是，終究是不能說出「不要」這種話的，對吧？

孩子最害怕的就是父母疏離自己，這會讓孩子逐漸看不見自己的價值。

自己說出口的話語，也會傳進自己的耳裡。據說因為這個緣故，人腦不擅長分辨哪些話是自己說出口的，哪些是別人說的。

也就是說，當說出「我不要你」這種話時，等於是同時對孩子與自己宣告「你對這個世界來說是不必要的」，反而會讓自己更加痛苦。

孩子晚上哭得太嚴重，有時就把他丟在客廳裡了……對不起

別再哭了

嗚哇—

想要從痛苦中解放出來的話，不妨轉念一下，例如試著讓自己藉由育兒過程獲得成長如何呢？

當腦中不禁產生負面的想法，或是不慎將這些話說出口時，就向孩子道歉：「對不起，我其實很重視你。」治癒他的傷口，或是跟孩子說：「我很喜歡你喔。」傳達自己的真實心意。

說出口的話語也會逐漸滲入發話者的心靈，只要每天不斷說著療癒的話，相信父母肯定也能夠培養出為人父母或是身為一個人的自信。

換句話說！

「謝謝你出生成為我的孩子。」

13

『煩死了！』『很膩耶！』

孩子總是拿同一本書要父母唸是有原因的。

無論讀了幾遍，孩子總是
拿著同一本繪本說：「唸給我聽！」
或是想不斷地
反覆聽同一首歌……
好煩！好膩！誰來想想辦法！

☆ 孩子這麼堅持是有理由的！

我曾經因為女兒迷上一首童謠，連續好
幾天都反覆唱1個小時，讓我打從心底感到
厭煩。

就算先表明「最後3次囉」或是「不唱
了！」，女兒仍會一次又一次地要求我「再
唱1次！」（不理她的話就會一直哭鬧不肯
睡覺）。

孩子為什麼這麼喜歡重複同一件
事情呢？這其實是有原因的。

對於缺乏人生經驗的孩子來說，
身邊充滿未知的事物會讓他們相當不安，因
此只要接觸到「這個我知道！」的事物，他
們的內心就會平靜許多。

等孩子逐漸具備思考能力後，他們也會
開始出現求知慾，想用自己的方法探索「為
什麼這個會這麼有趣呢？」。

> 我超開心的！！
> 為什麼媽媽
> 不懂我的快樂呢？

重要性
★ ★ ★ ☆ ☆

呿—

扭—

拉—

再1次再1次

再1次

此外，他人回應自己的要求，這種體驗同樣有助於提升自信。

因此雖然不斷重複同一件事很辛苦，我們仍應花點心思，在避免過度累積壓力的情況下盡量回應孩子的要求。

例如孩子不斷要求唸同一本繪本時，有時我們可以化身為角色演出來，有時可以邊讀邊觀察繪本的配色、排版的優劣等，這樣或許就能夠找到可應用在興趣、喜愛事物上的「某些要素」。

換句話說！

「最後3次囉。」

這麼說來，聽說字正腔圓的朗讀也有助於預防「法令紋」。沒辦法從中找到樂趣時，也可以試著觀察吸引孩子的要素是什麼。

我家的孩子們現在都已經長大成人，談起這些很纏人的童年往事時，孩子總是笑著說「我不記得了」。雖然這讓父母的努力看似徒勞，但仔細想想卻不是白費工夫。

我認為談論這些回憶，也能夠讓孩子知道「我花了多少工夫把你養大（＝你擁有被愛的價值）」。

14 『吵死了！』

就算大人情緒爆炸，孩子也靜不下來。

重要性
★ ★ ★ ☆ ☆

孩子在醫院候診室不斷吵鬧，最終大人忍不住大聲怒吼：

「吵死了！」

結果只會讓周遭的人覺得「爸媽還比較吵」。

☆ 多花點工夫讓孩子安靜下來。

孩子在公共場所吵鬧時，真的是很讓人傷腦筋。

但是單純罵出「吵死了」這種斥責方式卻不怎麼好，這只是大人在宣洩怒氣而已。當別人把情緒發洩在自己身上時，任誰都會下意識地反彈。

據說在對孩子下指示時，最好的方式就

媽媽你才吵咧！

是具體說出希望他怎麼做。

所以我們可以將「吵死了」改成「安靜一點」。

事實上，事前和孩子做好溝通也能收到相當大的成效。

例如出門之前可以先和孩子預習外出禮儀：「我們接下來要去醫院喔，你知道醫院是什麼樣的地方嗎？」

對孩子來說，事前知道自己該怎麼表現才好，也會安心許多吧？

如果孩子到醫院後還是吵鬧，只要提醒孩子「這裡是什麼地方？」孩子就會瞬間醒悟安靜下來。

以我家來說，走到孩子身邊以悄悄話的方式輕聲跟孩子說「這麼小聲也聽得見喔」也能夠獲得不錯的效果。

另外也可以和孩子玩「沉默比賽」，看誰能夠安靜比較久，先說話的人就輸了。

除此之外，用童話般的說話方式也出乎意料地有效。

不喜歡孩子在房間裡跑跳時，只要告訴孩子「地板下面住著幸運精靈，你這樣會嚇跑他們喔」孩子就會放輕腳步。

有時也要用真心話和孩子溝通。「我希望其他人可以稱讚我們是『有禮貌的親子』，所以今天請你安靜坐好」或許像這樣拜託孩子，收到的效果才是最好的。

換句話說！

「要安靜一點喔。」
「這麼小聲也聽得到喔。」

15

「別擋路」「讓開」

只要稍微改變用字，聽者的感受就大不同。

重要性
★
★
☆
☆
☆

「你很擋路，讓開！」
對孩子這麼說時，
孩子指出：「這種說法好討厭！」
但是擋路就是擋路……
到底該怎麼表達才好呢？

☆ 說話時試著將主詞改成「我」吧。

相信也有人不太在意這種說法，但是我個人很在意「擋路」與「讓開」這兩個詞。

因為我認為平常就一直聽到「擋路」、「讓開」的孩子，或許會認為「自己對這個世界來說很礙眼」……。

但是雙手抱著要洗的衣服時，如果孩子占據了走廊，不讓開的話真的很傷腦筋，偏偏孩子又不主動讓開。那麼這時該怎麼說才好呢？

我查了與溝通相關的資料後，發現有事要拜託別人時，訣竅在於「不要指出對方的狀態」，而是要將話語的主詞改成「我」，表示「自己希望怎麼做」。

「擋路，讓開」的意思是「你擋到我的路了，請你讓開」對吧？這樣就變成主詞是「你」的命令語句了。

> 媽媽老是嫌我擋路，我是不是不能待在這裡？

但是將主詞改成「我」，說出「請借我過」、「要是能讓我過就幫大忙了」等，就會變成拜託（請求）的說法。相信這種說法聽起來就會舒服許多了吧。

以自己為主詞來傳達情緒、請求孩子協助的說話技巧，其實經常在和孩子的溝通中派上用場。

舉例來說，當身體正在休息，孩子卻纏著自己時，要是罵孩子「好吵，不要煩我」的話，孩子可能會覺得父母不愛自己而感到受傷。

但如果換個說法，向孩子說明「我覺得頭很痛，如果今天能安靜一點我會高興」，孩子應該就會理解「原來如此……那就為了媽媽安靜一點吧」。

同樣的說話技巧也可以運用在大人間的對話中。例如老公連日加班時，與其抱怨他「偶爾也該早點回家吧！」不如採用「你不在家我好寂寞」的說法會更有效，不是嗎？

換句話說！

**「能讓我走過去的話
我會很高興喔。」**

耶一

我過不去…

16

『反正就是這樣！』

用大人的常識打發孩子，會抹殺孩子的好奇心。

重要性 ★ ★ ★ ☆ ☆

孩子經常纏著父母詢問：

「為什麼？」「怎麼會這樣？」

父母嫌回答麻煩，

就拋出一句話打發孩子…

「反正就是這樣！」

☆ 回答不出來時就查查看吧。

很多大人覺得是理所當然的事情，對孩子來說卻充滿了疑問。「為什麼天空是藍色的？」「太陽為什麼這麼耀眼？」「人類為什麼會變老？」……我也曾經被孩子拋出的許多難題考倒過。

如果是自己不知道答案，或者是答案說明起來很麻煩的事情，就會讓人覺得很傷腦

覺得有疑問
或思考事物的原理
不好嗎？

筋對吧？

所以沒心力回答孩子時，我們有時也會忍不住敷衍小孩「反正就是這樣！」。但我們之所以會對孩子單純的問題這麼煩躁，其實是因為覺得自己有義務回答的關係。察覺到自己希望認真面對孩子的真心後，在內心稱讚一下自己也無妨。

不過，我認為不用每次都認真回答孩子也沒關係。

44

為什麼太陽這麼熱？

為什麼晚上會變暗？

為什麼會發出聲音？

為什麼空氣是透明的？

反正就是這樣，

你自己去查查看

有時候將回答的時間往後挪，跟孩子說「等你長大了就會知道了」，或是用「為什麼呢？」等話語模糊焦點也無所謂。

若是養成立刻獲得答案的習慣，孩子就會變成「只要問人就知道答案」的伸手牌，無法養成獨立思考的能力。

想要培養孩子的思考能力時，反問是很有效的方法。像是問他：「你覺得是為什麼呢？」「該怎麼做才好呢？」「你覺得要怎麼調整比較好？」

人類的頭腦具備接收問題後就會開始尋找答案的習性，所以我們可以利用這個習性鍛鍊孩子的思考能力。

等孩子長大到可以看懂字的年紀時，只要說「那我們一起查查看」然後找書或上網查資料就行了。

等孩子可以自行查資料之後，只要跟孩子說「我也不知道，你查到後再告訴我好嗎？」自然就能將孩子的好奇心引導至對學習的熱誠上了。

換句話說！

「你覺得為什麼呢？」「我們一起查查吧。」

17 『我不聽藉口』

不讓孩子解釋的話，孩子就會逐漸失去主見。

斥責或提醒孩子的時候，
孩子一直說「但是」、「可是」，
頂嘴的態度讓人感到厭煩。
有沒有讓孩子坦率聽話
不再頂嘴的方法呢？

☆ 回嘴是成長的證明。

我也曾經對孩子說過好幾次：「我不想再聽你的藉口了！」

提醒或斥責孩子時，孩子總是頂嘴或辯解的行為，看起來一點也不可愛。

但是也有另一派的說法，認為「不會頂嘴的孩子更令人憂心」。

不願意解釋的孩子，很可能是已經放棄

爭取他人聆聽自己的意見。就這樣長大成人的話，日後不管是在家裡、學校還是公司，都可能會缺乏自信，不敢表達自己的意見，只能附和別人。

原來如此。原來頂嘴也是在培養自信，認為他人應該聽聽自己的意見呢！就算親子之間會因此稍有摩擦，但是在這種情況下長大的孩子，多半不需要擔心。

從樂觀的角度來看，這樣的孩子即使在

我的意見
這麼不值得一聽嗎？
那我什麼都不想說了。

46

面對大人時，也能夠清楚說出自己的主張，而且也具有用自己的話語傳達的表達能力。

不管是什麼樣的人，如果對方不先接納自己的情緒時，就很難把對方的話語聽進耳裡。尤其孩子更是容易要求「先聽聽我的心情！」。

因此身為大人還是必須先退讓一步，採取「成熟的應對」。

這時的訣竅在於保持沉默。不要批判、否定孩子的話語，也不要感到憤怒，只要冷靜地聆聽，回答「嗯嗯，然後呢？」就好。

仔細傾聽的話，有時會發現孩子是有苦衷的，或是背後也有令人恍然大悟的理由。

光是長輩願意傾聽自己的理由，孩子就能夠感受到被接納而逐漸冷靜。

我認為孩子冷靜下來後，就等於做好聽他人話語的準備了。

換句話說！

「發生什麼事了？」
「告訴我原因吧。」

然後小柚他⋯
所以⋯結果⋯
於是⋯然後⋯

已經講20分鐘了⋯

好啦好啦

18

『給我說清楚！』

內向、文靜的孩子被逼問時容易失去自信。

孩子個性畏縮內向。

扭扭捏捏的模樣令人煩躁，

讓父母不禁斥責：

「你到底想說什麼？

給我說清楚！」

☆ 溫柔傾聽孩子的話語吧。

我家二女兒也是「話說不清楚的孩子」，

她很不擅長對他人表達自己的意見，學校也

總是給予「不知道在想什麼」的評語。

由於女兒的個性實在太過扭捏，讓我也

曾不小心說出「給我說清楚一點！」，結果讓

女兒更加沉默了。

若是對孩子施加「不說清楚不行」的壓

> 我已經很努力在說了，再給我一點時間。

力，就算對方是雙親或兄弟姊妹，孩子

也會緊張到沒辦法正常說話。

生性內向的孩子很容易會因此失去自信

心，所以和他們對話時，必須想辦法打造輕

鬆溫柔的氣氛。

具體來說，就是不要打斷孩子的話、不

要先下結論、看著孩子的眼睛附和他、不要

批評孩子所說的內容……比起孩子有沒有在

聽這個事實，更重要的是讓孩子感受到「父

重要性
★
★
★
☆
☆

48

像這樣邊聆聽邊釋放「說出來沒關係」的訊號，往往會發現孩子正在思考很有趣的事情。

母的認真應對」。

雙親對「無法把話說清楚的孩子」感到煩躁時，或許是因為雙方即使是親子，仍然「個性不合」的關係。

舉例來說，媽媽的個性乾脆俐落、大方外向，孩子卻凡事都慢吞吞而且比較內向的話……媽媽多半會急得開始逼問孩子「快點說！」、「給我說清楚！」。

什麼?!

焦躁

鼻毛…

扭扭

捏捏

相反的，如果媽媽的個性比較溫吞，孩子卻是做事急躁的個性，可能會反過來斥責孩子「冷靜一點」、「安靜」。

很在意孩子的行為模式，可能代表親子之間的個性差異太大……只要建立起這樣的觀念，就可以減少不必要的煩躁喔。

換句話說！

「我很想聽，告訴我嘛！」
「這樣啊，原來是○○。」
（複誦孩子的話語）

「妳當媽媽當得很好喔！」
試著對自己表達肯定！

　　除了內文提到的語句之外，各位是否還向孩子說過這些話呢？……太礙眼了、真羨慕你們小孩、哪邊涼快哪邊閃、不要插嘴、不要就滾出去、閉嘴……對孩子說這些嫌棄孩子的話語，會讓孩子失去歸屬感，無論身在何處都感到不安，總是戰戰兢兢看別人的臉色。

　　我認為媽媽會覺得孩子礙事，通常是因為覺得自己的情緒、時間與空間都被孩子占據的關係。

　　這或許是因為媽媽「力不從心」的緣故。

　　若是媽媽的心靈能更「從容」一點，我想要對孩子表示「你在這裡無妨」應該不難。

　　「妳當媽媽當得很好喔！」想要讓心靈從容一點，第一步就是試著肯定自己。畢竟很多事情不管生不生氣，其實結果都差不多。

媽媽我做得很好喔!!

第3章

「我想挑戰！」的幹勁
有助於打造孩子的自信。

不要潑冷水打擊孩子的信心

19

『我不是說過了嗎！』

經常因為失敗被罵的話，會漸漸失去獨立思考的能力。

重要性 ★★★★☆

「我不是說過了嗎！」

「我都已經提醒過你那麼多次了。」

讓父母不禁斥責：

孩子還是會失敗。

即使父母事前提醒了，

☆ 失敗中有許多值得學習的事物。

例如孩子跌倒的時候，會不禁唸「早就叫你不要用跑的了！」，早上睡過頭的時候，也會唸「昨晚就叫你早點睡！」。

我不知道自己對孩子說過多少次「我不是說過了嗎！」。

但是有一次，當我聽到丈夫對跌倒哭泣的女兒說「我不是說過了嗎！」卻覺得好心疼

失敗已經讓我很沮喪了，爸媽還窮追猛打！

女兒。

跌倒後都痛到在哭了⋯⋯孩子明明因為自己失敗了而受到驚嚇，我們卻用言語窮追猛打，對她來說簡直是「雪上加霜」。於是我不顧自己平常的言行罵了丈夫：「她已經很可憐了，快點安慰她啦！」

失敗沮喪的時候，聽到他人說「我不是說過了嗎」，就會忍不住想反駁「不必你說，我自己也會想辦法避免下次失敗」。

52

沒錯，無論是大人還是小孩，無須旁人特地指責也會自己開始思考「下次該怎麼做才好？」並從失敗中學習。

聽到「我不是說過了嗎！」之後，孩子好不容易從失敗中學到的東西就會飛走，只剩下「照媽媽說的去做就好了」的想法，日後孩子就不會用自己的腦袋思考該怎麼做才不會失敗了。

某位母親曾告訴過我：「孩子失敗的時

我不是說過了嗎！

現在是在報仇嗎？

好啦…

候，正是我們為孩子示範如何體貼他人的好機會。」

為了避免孩子在朋友失敗的時候，說出「看吧」、「我不是說過了嗎」、「活該」這類冷言冷語，我們身為父母應該親自示範體貼他人的方法。

這時只要默默從旁守護，或是體諒他的感受，說聲「跌倒很痛吧」就可以了。

換句話說！
「很痛吧？」
「有沒有受傷？」

20

「不要讓我說那麼多次！」

相同模式的話語不斷反覆，只會變成耳邊風。

重要性 ★ ★ ★ ☆ ☆

每天反覆提醒同一件事情，孩子卻完全沒在聽，讓父母不禁斥責：

「不要讓我說那麼多次！」

☆ 稍微改變做法看看吧。

無論大人提醒多少次，只要用詞的模式相同，就很容易淪為孩子的耳邊風。於是媽媽就會更加嘮叨，孩子又馬上習慣媽媽的叨唸⋯⋯像這樣進入永無止盡的惡性循環。

如此一來，孩子不僅不會做出父母期望的行動，還只會留下這樣的印象：「媽媽好囉嗦」，而我也很沒用，不管媽媽唸幾次我都

做不好。」

當你覺得親子關係陷入如此瓶頸時，我建議找孩子促膝長談一下。

我相信如果可以的話，孩子應該也「不想被唸」。

「我們一起想想看，該怎麼做才能夠和樂融融好嗎？」只要冷靜地如此表態，孩子或許也會想出適合自己的方式。

在無論怎麼被唸也不照做的孩子當中，

老是唸相同的事情，真的好煩、好囉嗦喔。

作業呢一?!

第5次!!

在媽媽抓狂前
絕對不動…

有些孩子其實是不擅長處理耳朵所接收到的資訊。

所以要不要試著寫成文字或畫圖貼出來看看呢？如此一來就不用一一碎唸，也有助於減輕媽媽的壓力。

當然在孩子完成時也要讚美：「做好了嗎？真棒！」或是表達感謝：「你把鞋子擺整齊了嗎？幫了我大忙呢！」

有位媽媽曾經這麼說過：「不說好幾次就做不到的事情要獨立看待。」據說她不會發怒或是斥責孩子，而是心想「或許以尋常

的語氣有耐心地提醒幾次後，有一天孩子就會記住了」。

沒錯，有時大人也必須獨立看待某些事情，或是放棄某些事情。

人內心的能量有限，將貴重的能量在煩躁或是焦慮上的話，就沒有多餘的能量可以用在育兒時真正重要的事情上了，像是傾聽孩子的聲音、露出笑容等。

換句話說！

「請你做○○喔。」
（完成時）「好棒喔！」
謝謝你。」

55

21

「為什麼都不聽話呢？」

孩子不聽話或許是因為父母的「表達方式」有問題？

提醒了好幾次，兒子毫不理會

繼續重複相同的行為。

實在是太可恨了，

讓我忍不住大聲罵出：

「為什麼都不聽話呢？」

☆ **避免用提問方式的提醒法。**

快要遲到了、房間亂七八糟……這種時

候若是提醒孩子，孩子完全無視的話，父母

就會覺得很煩躁對吧？

話說回來，父母希望孩子照自己的指示

行動時，通常是依自己的步調，而不是在孩

子想動的時候下指示對吧？至少我家就是這

種種情況。

我又不是故意的，

我也有我的苦衷啊。

仔細思考會發現，孩子不在乎遲

到，也不在乎房間散亂，會因此感到

傷腦筋的只有父母而已。

所以請在理解這個狀況的前提下，稍微

改變一下遣詞用字如何？

據說用疑問句來斥責孩子的話，孩子會

沒辦法直接理解意思。

「為什麼都不聽話呢？」這時候父母真

好棒喔～

洋洋得意

正想說的是：「請你聽話！」

「快點收拾房間」這種表達方式對孩子來說，其實也太過抽象不好理解。

「請把玩具都放回玩具箱裡面」試著像這樣做出具體的指示如何呢？若是這麼說孩子還是無法理解，就搭配像是繼續玩遊戲的用詞，例如「讓所有玩偶都回家睡覺囉」、「請將電車開回車庫囉」，如此一來就有機會看見孩子乾脆地行動。

當孩子乖乖聽話時，父母也別忘了要表達感謝：「謝謝你，收拾得真乾淨，我好開

心！」孩子感受到被稱讚的喜悅後，下次也會更願意聽從父母的指示。

此外在向孩子搭話時，最好先觀察孩子的狀況。

孩子正在做某件事情的話，就不要讓孩子立刻去做，而是採用預告的方式，跟他說「這件事情完成後就去○○吧」之類。

畢竟孩子也很難一下子轉換心情去做其他事。

換句話說！

「請去執行○○吧。」

「謝謝你，我好開心！」

57

22

「你在搞什麼！」

下意識斥責孩子的壞習慣，會讓孩子喪失自信。

重要性
★★★★☆

這樣會跌倒、會掉下去、很危險……

不知為何，每次這樣叮嚀孩子時，

孩子就肯定會發生預期的狀況，

讓人不禁想罵：

「你在搞什麼！」

☆ 矯正自己下意識責備的壞習慣。

孩子每天不斷惡作劇或是失敗，難免會

讓人一把火上來，忍不住罵道：「你在搞什

麼！」

但是在完全不聽辯解的情況下，突然拋

出一句「你在搞什麼！」只會讓孩子畏縮，

導致沒辦法培育出自信。

我不認為情緒化的指責完全不對。發現

孩子做出會危及生命的惡作劇時，這種

飽含情緒的斥責反而會更有用。

但是其他場合就要稍微留意了。因為一

時的情緒斥責孩子時，罵人的那方也會愈加

認為「孩子做錯事情了」，接著進而演變成

「我阻止不了孩子做錯事」，讓父母也喪失

自信。

為了避免這種狀況，請抑制自己想開口

責罵的情緒，盡量先聽聽孩子怎麼說。

> 咦!?什麼？
> 怎麼了？好可怕喔，
> 媽媽不要生氣！

你在搞什麼！

嚇

說啊，說出口……

孩子將熱茶倒進魚缸或許是基於貼心，認為「我擔心金魚會冷」；打妹妹或許是為了阻止妹妹繼續玩剪刀也說不定。

有時看起來很不得了的惡作劇，背後可能也是有原因的。

當火氣上來快要攻擊孩子的人格時……我試過最有助於壓下火氣的話，就是「竟然是這樣」。

人在得知事實的時候不會立即發怒，因此這句話能夠在怒氣爆發前，拉出一瞬間的空隙。在這一瞬間放入不具攻擊性的平淡言詞，就不會將怒火直接宣洩在孩子身上。

我認為這是相當萬用的語句，無論多麼震驚都能夠引導自己先接受，這時再說一句「剛好可以機會教育」，就能夠逐漸從不同角度看待孩子所做的事，有時甚至能夠看見孩子「好的一面」，相當奇妙。

換句話說！

「竟然是這樣。」
「……剛好可以機會教育。」

23 『不要磨磨蹭蹭！』

習慣父母的指示後，就會成為只會仰賴指示的人。

我家孩子是個慢慢郎中，做什麼事情都慢吞吞的，讓人不禁以嚴厲的口氣斥責：

「不要磨磨蹭蹭！」

但是每天都這樣很不好吧？

☆ 換個說詞以提升孩子的速度。

孩子慢吞吞整理儀容的時候，大人很容易不小心說出「不要磨磨蹭蹭」、「快點」等話語對吧？

如果孩子的速度一直無法提升，要不要試著稍微改變一下做法呢？

我家曾在孩子年幼時，試過把要做的事當成遊戲，這個方法相當有效。

例如，將「快點換衣服」改成「和媽媽比賽換衣服吧」以激起孩子的競爭心理；將「快點睡覺」改成「我們裝睡嚇爸爸一跳吧」以刺激孩子的惡作劇欲望（我們也曾玩過「看誰先到家」的比賽，但是千萬不可以在馬路或停車場這麼做，很危險）。

孩子看懂時鐘之後，也可以試著讓孩子自己決定幾點幾分之前要做什麼事情。

> 我在做了啦！
> 我有自己的步調，不要催我！

重要性
★★★☆☆

60

別擔心啦～

40分了喔

30分了喔

50分了喔

我是鴿子時鐘嗎!!

這時候也可以按照孩子的規劃製作行程表，貼在明顯的地方。

孩子沒辦法遵照行程表做事情時，也不要用出言指示或是開口責備的說法。

舉例來說，將「快點起床」改成對時間的提醒：「〇點了喔」；將「再磨磨蹭蹭會遲到」改成「你今天打算幾點出門？」。讓孩子自己判斷再自己採取行動，有助於提升孩子的生活經驗並培養出自信。

話說回來，大人總是覺得被時間追著跑也可能是內心缺乏餘裕的關係。

以紅綠燈為例，看到燈號快變時只要停下來靜待下一次綠燈即可，但是內心缺乏餘裕的時候，就算不趕時間也會邁步跑起來。

所以大人偶爾也應該重新審視自己的生活，想想「有必要著急嗎？」，並告訴自己「不急、不急」。

換句話說！

「來比賽換衣服吧。」
「你打算幾點出門？」
「不急、不急。」

24

『要當個好孩子』

試著重新思考「好孩子」是怎樣的孩子？

孩子在電車上吵吵鬧鬧、走來走去，

碰到認識的人也不會打招呼。

即使跟孩子說「要當個好孩子」

也沒有任何效果。

該怎麼辦才好？

☆ 具體指出希望孩子做出的行動。

我們在教育孩子的時候，經常會說「要

當個好孩子」對吧？

但是什麼樣的孩子是好孩子呢？

玩耍時很有精神的就是好孩子，在教室

時能夠安靜坐好的就是好孩子，遇到鄰居時

會面帶笑容打招呼的就是好孩子。

也就是說，能夠依照狀況做出相應的行

為，不造成大人的困擾，對大人來說

「很配合自己的孩子」就是「好孩

子」對吧？

如果孩子的個性如此，我想育兒應該會

變得很輕鬆吧？但是大部分的孩子肯定都不

是這樣。

事實上「好孩子」這個字，對孩子來說

似乎很難理解。

從孩子的角度來看，也會因為想回應大

「好孩子」
到底是什麼樣子？
完全不懂，好混亂！

大家在塞滿人的電車上都是戰鬥模式喔!!

要安靜！

呼

人的期待，而下定決心「要當個好孩子」對吧？但是不明白什麼是「好孩子」，卻頂著「必須當個好孩子」的壓力……持續接收這種壓力的話，孩子長大成人後就會變成整天看人臉色、缺乏自信的大人。

那麼該怎麼做才好呢？

大人可以試著當場具體地告訴孩子自己期望的行為。

舉例來說像是「在椅子上坐好」、「向其他人打招呼」等，一一告訴孩子自己的期望，孩子就能依狀況做出相應的行動。不斷累積順利執行大人指示的經驗後，

孩子就會漸漸學會在什麼場合該如何表現。

此外也很推薦問問孩子「你覺得這裡是什麼樣的場所？」、「你覺得在這裡該怎麼做比較好？」的做法。

「這裡是圖書館，所以必須安安靜靜讀書」、「這裡是醫院，所以不能奔跑」等等，讓孩子像這樣具體理解適合各個場所的行為後，久而久之孩子就會主動遵守。

孩子不明白的時候，也可以引導孩子觀察現場的狀況：「你看看其他人。」

孩子會從大人的行為學習各種禮儀，所以身為父母也要多加留意。

換句話說！

「把手放在大腿上，安靜別說話。」

25

『你會被那個人罵喔！』

對孩子來說父母不願意直接指正自己，等於是宣告放棄自己。

重要性
★★★★☆

外出時為了讓孩子乖一點，有時會警告孩子：

「你會被店家罵喔！」

「你會被老師罵喔」

但是卻完全沒有效果。

☆ 身為父母該罵的時候就要罵。

孩子在電車中吵鬧的時候，有些媽媽會說「這樣會被司機罵喔，安靜一點」，但是孩子別說安靜了，反而還變得更吵，惹來其他乘客的白眼……最後只好母子趕快下車。

為什麼孩子安靜不下來呢？我認為或許是孩子從媽媽的言詞中，感受到「我不會罵你」的意思。

日本有句俗語說：「沒有比無人管教的孩子更不幸的了。」

父母不斥責自己，代表「我不在乎你長成什麼樣子」。對孩子來說簡直就像是宣告自己被放棄了一樣。

做錯事情的時候，為自己著想的父母認真管教斥責，這個事實也是孩子培養出自信的重要基礎。

媽媽是怎麼想的呢？
媽媽連自己罵我
都做不到嗎……

64

幽靈會生氣喔！

呀

不小心就用出來了…

不小心說出「會被其他人罵喔」這種話的媽媽，或許是擔心責罵孩子後自己會被孩子討厭。

要是媽媽認為「不一直溫柔地維持笑臉就會不受孩子喜愛」的話，可能就會想讓其他人扮黑臉。

但是光靠「其他某個很可怕的人」來斥責孩子，會造成日後無論媽媽說了什麼，孩子都不會認真聽的後果。因為孩子認為可怕的是「其他某個很可怕的人」而不是媽媽，所以容易不將媽媽的警告放在眼裡。只有媽媽無論怎麼扮黑臉，對孩子來說

都是無法替代的存在，所以我認為各位可以放心地管教小孩。

「不可以吵鬧喔～」如果像這樣只是輕描淡寫地提醒孩子，孩子不會意識到事情的重要性。

所以提醒孩子的時候，必須壓低身體與孩子四目相交，以堅定的聲音簡短地告訴孩子「不可以」。

只要大人的態度夠認真，孩子肯定會聽進去的。

換句話說！

「不可以。」
「安靜點。」

26

「跟○○比起來……」

比較後會成長的只有競爭心與自卑感而已。

重要性
★★★★☆

真羨慕其他家優秀的孩子！
自己的孩子太過平庸，
讓人不禁說出
「跟○○比起來……」
這種話。

☆ 用加分主義守護孩子。

任誰都知道「不應該拿別人的孩子和自家孩子比較」。但是做父母的，難免會在意住在附近的同學、孩子的表兄弟姊妹等同年紀的孩子。

愈是要求自己「別在意」就愈在意是人之常情，如果只是在內心悄悄比較的話，我認為允許自己這麼做也無妨。

我就是我，
不要拿我和
其他人比較啦。

會有問題的是愈來愈在意，三不五時就想比較的狀態。比自家孩子優秀、運動神經更好、更會念書、長得更好看的孩子，在這世上要多少有多少，根本比較不完。這麼做不僅無助於培養孩子的自信，對家長的心理健康也不好。

本來其他孩子的成敗就與自家孩子的成長與能力無關。

儘管如此，仍然不斷想著「啊──好羨

你表現得比
1年級時
更好耶!!

你以自己的步調
成長了呢♪

慕」、「我們家孩子還差得遠」，或許是因為家長都用扣分主義的心態在看待孩子吧。

所謂的扣分主義，就是指容易著眼於孩子不足的地方，滿腦子都是「我家孩子這個也不行，那個也不行」，然後就會忍不住說出「你再更○○的話就好了」、「跟○○比起來……」。

要比較的話，應該不是與他人比較，而是和孩子自己過往的表現做比較。

只要專注於自家孩子的成長與能力，就算哪天和其他孩子比較了，也能接受那是其他孩子的特質。

不論是別人的孩子或自己的孩子，若是家長能夠用寬廣的心胸守護孩子成長，想著「每個孩子都不一樣，每個孩子都很好」，心情會有多麼平和呢？雖然這相當困難。

換句話說！

「你表現得
比以前好耶。」

27 「弟弟就辦得到」

和兄弟姊妹比較，會讓孩子更容易自卑。

重要性 ★ ★ ★ ☆ ☆

弟弟很聰明一點就通，但哥哥不知為何都教不會。

雖然不想比較兄弟倆，但還是忍不住煩躁地說「弟弟就辦得到」。

☆ **請分別看待每個孩子。**

拿兄弟姊妹互相比較，對孩子也會產生不好的影響。

將孩子簡單扼要地分類成「好孩子／壞孩子」、「優秀／劣等」的話，被視為劣等的孩子就會變得自卑，甚至被稱讚優秀的孩子也會看不起沒有被稱讚的孩子。

比較對象是他人的話，總有一天會和對

媽媽只喜歡弟弟，不喜歡我⋯⋯

方分開，但因為是兄弟姊妹，這種關係會一直延續下去。

如此一來，總是被視為劣等的孩子就無法培養出自信。就連被視為優秀的孩子，也會變得必須與他人比較才能保有這種脆弱的自信。

所以教育孩子時，應該盡量避免將兄弟姊妹做比較。

但是無論父母多麼注意，我認為要完全

平等地對待每一個孩子，是不可能的事情。

畢竟第一個孩子是在父母的摸索嘗試中教育出來的，第二個孩子則可以沿用前面的經驗，不僅父母對待兩個孩子時的育兒技巧與年齡不同，孩子們的個性也不相同。

孩子往往對不公平很敏感，有兄弟姊妹的話，無論是誰多少都有覺得「父母偏心」的經驗。

大多數的孩子在長大後漸漸了解父母的狀況，就會明白「父母也是很努力在養育自己了」，但是也有些人會一直帶著忿忿不平的感受長大成人。

媽媽也
很開心喔

只有我們
兩個♡

為了避免演變成這種情況，建議各位偶爾也要讓孩子與兄弟姊妹分開，讓每個孩子都能夠與最喜歡的爸爸、媽媽有一對一的獨占時間。

以我家來說，我就會特地製造與各個孩子單獨約會的時間，兩個人到家庭餐廳吃杯聖代、看場電影的時間，盡量傾聽孩子的需求。

打造出「兩人獨處的時間」，就能夠挖掘出孩子與其他兄弟姊妹在一起時看不見的特色，相信孩子也會感受到「媽媽有認真看待我」、「我確實被爸爸愛著」等。

換句話說！
「明天我們兩個
一起去約會一下吧！」

28

「連這種題目也不會做？」

愈是責備孩子做不到的事，孩子就會愈討厭學習。

重要性 ★★★★☆

除了作業外，我每天還花2～3小時陪孩子讀書，孩子的成績卻完全沒提升，讓我不禁怒吼：

「連這種題目也不會做？」

☆ 說話時要避免讓孩子討厭學習。

指導孩子功課是件很困難的事對吧。

根據我打聽到的消息，就連資深教師也很容易教自家孩子教到火大，指導起來相當困難。

我家的三女兒特別不擅長算數，讓我說了好幾次「為什麼搞不懂這個？」、「剛才

不是教過妳了嗎？」。

有一次女兒拿著分數非常差的考卷給我，說：

「妳不要生氣喔，雖然我完全不會寫，但我一直乖乖坐著，所以老師希望媽媽可以稱讚我。」

在問題全部都看不懂的考卷前面靜靜坐著，是件很辛苦的事情吧。

一旦在孩子內心埋下「學習很討厭」的

反正我不適合讀書！
我不想做了！
夠了！

70

種子，日後要再挖除是很困難的。

最重要的第一步不是讓孩子喜歡學習，而是避免讓孩子討厭學習。

無論孩子的成績多麼差，不，應該說成績愈差，父母愈不能生氣，應該要站在孩子這一邊稱讚孩子。

孩子本人最清楚自己沒有做好了。在學校不受肯定，回家後還被罵的話，不僅會讓孩子討厭讀書，孩子還可能因為「自己辦不到」而失去信心，就這樣懷抱自卑感長大。

孩子的成績真的差到沒得稱讚時，也可

答案是織田信長！

好，說說看吧！

呃？呃？呃？

我5秒鐘前才說過不是嗎！

以從其他方面想辦法找出值得讚賞的地方，例如「字寫得很漂亮」、「答案寫得很仔細」等。

另外也可以拿2學年以下的試卷給孩子寫寫看，藉由「成功答題」提升孩子的自信（不過孩子也是有自尊的，所以或許藏起學年的部分比較好）。

只要孩子坐在書桌前就立刻稱讚他。總之要讓孩子的學習環境充滿稱讚，只要多稱讚，孩子就能夠依自己的步調成長。我家三女兒也是因為這樣，總算提升至不必擔心的成績了。

71

29

「別再做那些無聊事了」

是否隨意將孩子沉迷的事物視為「無聊事」了呢？

重要性 ★ ★ ★ ☆ ☆

孩子總是玩著無聊的哏，或是開發新的「鬼臉」，讓人一天得說上好幾次：

「別再做那些無聊事了！」

☆ 孩子沉迷的事物是有價值的。

孩子時常會沉迷於大人眼中的「無聊小事」。

例如「遊戲破關了！」、「蒐集了100顆橡果！」、「想出了新的哏！」……看在大人眼裡，全都是一些沒什麼用的事情。

事實真是如此嗎？大人總是想避開沒意義的事或是麻煩的事，只考慮勞力、成果與結果等，往往只想要有效率地將勞力全都用在「有努力價值的事物」上。

但是孩子不同。或許對孩子來說，「樂趣」也是「有努力價值的事物」吧？

有人認為孩子會產生興趣的每一件事情都是有原因的，也有人認為孩子只是因為有趣才做這些事。

不管是哪一種，據說孩子提時代有大量時間能夠沉迷在喜愛事物上的孩子，長大後也

> 我難得找到
> 好玩的事情，
> 請不要干涉我！

能夠專注於特定事物上並努力完成。

所以身為父母應該要盡量避免說出「別再做那些無聊事了」比較好。

我曾經看過一份調查結果，發現大約有一半的小學生認為「自己將時間浪費在打電動、看電視或看漫畫等」。

如果孩子已經無法從中獲得樂趣，同時也無法對智育有所幫助，單純是在浪費時間的話，大人不妨提醒孩子，為孩子打造脫離

這些事物的契機。

但是這時否定孩子的現狀，只會招致反彈，所以請避免說出「漫畫這種東西」、「又在打電動了」、「別再做那些無聊事了」這類的話語。

將孩子可能會感興趣的事物若無其事地給他看，提出「試試這個如何？」、「來幫忙一下」等，我認為應該是個不錯的做法。

換句話說！

「你玩得很開心呢。」

「……」

（面帶笑容溫暖地守護）

30

『不要再拖拖拉拉了』

一直催促孩子可能會剝奪孩子成長的機會。

重要性 ★★★☆☆

忙碌的早晨時間有限，孩子卻依然故我，悠悠哉哉地打理自己。讓人不禁大聲提醒：

「不要再拖拖拉拉了！」

☆ 靜待孩子完成。

在快要遲到的早晨之類，大人趕時間的時候，特別容易覺得孩子的動作拖拖拉拉的對吧？

我也曾經煩躁到不小心說出：「不要再拖拖拉拉了！」但是說出口後反而更加火大，孩子也會哭出來，所以不說反而還比較好。

話雖如此，但如果大人總是說「我幫你做」，替孩子完成各種事情的話，孩子不管長到多大都會無法自己完成事情，也難以培養孩子獨立自主。

我們之所以覺得孩子動作慢吞吞的，或許是因為用大人的標準在看事情所致。只要告訴自己大人與小孩是不同的，心情就會輕鬆一點。

換衣服對大人來說輕而易舉，轉眼間就

> 我已經很快了，再等我一下啦！

孩子運動神經的發育，似乎比大人以為的還要花時間。

孩子只要依自己的步調慢慢活動手指，手指就會逐漸變得靈活。拖拖拉拉的行為，

手指，或是能夠迅速更衣，所以慢吞吞可能是他們還在練習的關係。

孩子動作會慢，是因為他們是孩子。不是每個孩子都已經學會靈活地運用手

能穿好襪子、綁好鞋帶。但這是因為我們是大人。

其實也證明他們正在努力練習運用手指。

因此與其說「別再拖拖拉拉了」、「快一點」等催促孩子，不如讓孩子多花點時間完成，才有助於成長。

此外大人也可以試著逆向思考，有時跟孩子說「慢慢來」，孩子反而意外地能在短時間內順利完成。

「慢慢來」這句話不但能讓父母更有耐心地等待，還能夠讓孩子在執行時不會太過著急。

換句話說！
「慢慢來吧。」

31

『因為你做什麼都不行』

專注於孩子做不好的地方，會讓孩子變得愈來愈沒用。

孩子做某件事失敗時
會悔恨得不得了。
「因為你做什麼都不行」
這句話更會傷害孩子的心靈。

☆ 找出孩子的優點吧！

身為父母，在看到孩子失敗時，會想好好鼓勵孩子以培養他的自信對吧？

但是正因為身為父母，反而更難辦到。

我們也明白孩子自己才是最沮喪的，但是仍難免感到失望。

這是「希望孩子成功」的父母心態所導致，這種心態也可能轉變為「身為父母明明

希望孩子成功卻幫不上忙，太悔恨了」的心情，嚴重的話甚至會變成矛盾的埋怨：「我這麼希望你成功，你卻沒有成功，真是個壞孩子。」

結果不小心就脫口說出「反正你什麼都不行……」這種傷害孩子的話語。正因為對孩子有愛與期待，才會產生這種鬧脾氣似的話語與心情，非常複雜。

聽到父母表示「反正你什麼都做不好」

我就像媽媽說的一樣
什麼都做不好，我已經
沒有希望跟自信了。

76

時，孩子會覺得自己的存在遭到否定，最終失去自信。

任誰在反覆失敗後都會感到沮喪失望，認為「我什麼都做不好」。

我肯定感。

無論是什麼樣的孩子，都不可能「什麼都做不好」。

每個孩子一定都有優點，我認為只要找到那個優點並加以肯定即可。

如此一來，相信孩子也會努力想加強自己的優點吧。

你的自然科很好啊！

下次再加油吧

我什麼都做不好～

別擔心!!

在面臨這種心靈上的危機時，能夠心想「才不是這樣，你沒問題的」，重新振作起來繼續相信自己，也是基於「自信」與「自

換句話說！

「再接再厲！」
「你可以的，再慢慢嘗試看看。」

77

孩子每天都在成長。
試著從各個角度觀察孩子吧！

孩子本來就具備「想挑戰各種事物」的欲望，就算大人不想辦法「提升孩子的幹勁」，孩子也充滿了幹勁。

所以大人只要注意，避免破壞孩子的興趣、熱情與幹勁即可。

但是身為父母，我們很難忽視孩子不好的一面，結果總是不小心就嘮叨了許多……。

這時不妨試著換個角度思考吧？

所有事物都有正面與反面，所以大人既然找得到孩子的缺點，自然也有辦法找到孩子的優點。不如該說，說不定你已經找到了。

只是不小心從反方向看待了而已。

萬物的呈現，取決於我們看待的目光。有時候也可以從樂觀的角度去解釋，試著肯定孩子。

第4章

「我辦得到！」的成就感
能夠確立孩子的自信。

不要打擊孩子的自信

32

『但是沒有100分吧？』

太過在意眼前的成績，就會導致孩子失去鬥志。

重要性
★★★☆☆

「媽媽妳看！」

孩子考了90分，成績是不錯，但是應該可以更好才對。

說了「但是沒有100分吧」之後孩子就鬧脾氣了。

☆ 成績與自信都會在稱讚下成長。

孩子的考卷發下來了，做父母的都會在意成績吧？

我也曾經很在意我家孩子的成績，尤其是低年級的時候更會擔心：「這麼簡單還考不到100分，真的沒問題嗎？」

其實沒問題的。根據我認識的一位小學教師表示，小學的考試不用那麼在意成績也能夠及早克服。

所以父母不必用扣分主義去看待孩子的

我都已經努力考這麼好了⋯⋯不想努力了。

沒關係。

因為小學的考試主要是用來確認孩子的「學習程度」，看看孩子究竟對上課內容理解了多少。

與其說錯了也沒關係，不如說能夠看出孩子的瓶頸反而比較幸運，因為及早發現就能夠及早克服。

80

成績，煩惱「離100分還很遠」，或是心想「這邊跟那邊都錯了」拚命研究孩子錯了哪些問題。不如說，別這麼做比較好。

好厲害一

90分

雖然大家都考100分…

每次孩子拿出成績單就被罵的話，當然會失去自信。

失去自信的話就會認為「我就是不會讀書」、「認真也沒用」，連學習的幹勁都徹底消失。

大人不必太過執著於分數，只要從考卷中找出孩子的優點，稱讚孩子「這麼難你還是做出來了」、「好厲害，你很努力了呢」即可。

若是找不到可以稱讚的地方，就試著從其他方向尋找孩子的優點吧，例如「考試時一直安靜坐著真了不起」、「字寫得很漂亮呢！」等等。

而而出：「沒有100分呢……」這時就請想辦法將話語導向有助於提升孩子鬥志的方向，例如：「好！我知道你哪裡比較弱了，一起學習吧，以更好的成績為目標！」

如果看到有點可惜的分數，不小心脫口

換句話說！

「這麼難你還是做出來了！」
「好厲害，你很努力呢！」

33

『不對吧』

一直遭到否定的孩子，會喪失幹勁與自信。

重要性
★★★★☆

孩子搞錯事情的時候，大人立刻說出「不對吧」糾正孩子。

雖然知道否定孩子不好，但應該比放任孩子搞錯好吧？

☆ 肯定孩子的話語。

我曾在某場講座中，體驗過一種「完全否定對方話語」的活動。

活動為兩人一組，當其中一方說話時，另一方要說「你錯了」或是搖頭否定。

隨著聽見「你錯了」的次數增加，我發現對於自己的說話內容會漸漸沒有自信，聲音也會愈來愈小。

親子間的對話一定也是如此吧？

不管說什麼都遭到別人回以「不對吧」，孩子就只能漸漸不再說話。如此一來，孩子就會變成一味等待他人指示的人，無法產生自信。

我相信容易對孩子說出「不對吧」等否定話語的父母，其實是很溫柔、很為孩子著想的。

大部分的事情大人都經歷過，明白該怎

不管我說「不對」，大人都說「不對」，讓我完全沒有自信了。

不對吧!!
還要再年輕點
媽媽48歲了。

麼做才會成功，所以為了避免深愛的孩子也失敗、犯錯，才會說出「那是錯的」試圖糾正孩子。

但是三不五時就被他人指出「你錯了」，似乎會讓人逐漸封閉心靈。

孩子封閉心靈的話，不管父母多麼認真想指導孩子，那些話語跟想法都無法傳達給孩子。

不想發生這種事情的話該怎麼做呢？前面說的那場講座活動還有後續。活動的下一個階段，就是改成肯定的反應，說出

「原來如此」或點頭附和，沒想到說起話來頓時輕鬆得令人訝異。

同理可證。想要說出「你弄錯了」的話語否定孩子時，就努力改成「原來如此」、「不錯的想法」，先接受孩子的發言吧。畢竟孩子也需要經歷過犯錯才行，如果真的是必須糾正的錯誤時，也可以跟孩子說「再多想想看」。

知道自己的想法獲得肯定時，孩子肯定會對自己更有自信的。

換句話說！
「原來如此。」
「不錯的想法。」
「再多想想看吧。」

34 『反正你辦不到』

摧毀孩子的幹勁，孩子也會同時失去自信。

重要性
★★★★☆

太空人、足球選手……

孩子的夢想五花八門，

但是身為父母

希望孩子認清現實，

便說出「反正你辦不到」。

☆ 未來會如何沒有人會知道。

雖說孩子的未來有無限可能，但是有些目標難免會讓人覺得不太可能。

讓孩子搞不清楚狀況就隨便挑戰的話，失敗了又很可憐。父母出於不希望孩子受傷的心情，難免會想要說出「反正你肯定辦不到」、「你沒有那麼聰明，別想了」。

但是一開始就否定孩子，很容易讓孩子

```
反正我什麼都
辦不到，那就不要
學習跟努力了。
```

的挑戰精神化為灰燼。

「那就努力試看看吧」、「挑戰看看吧」換成這種支持他挑戰的話語，應該比較好吧。

就算孩子挑戰過後，卻很遺憾地（或者說是一如預期）失敗，也不算白費功夫，因為這都是孩子憑自我意志決定的。

努力過的事物會化為經驗留在體內，為下一次的挑戰帶來助益。

從結果來看，這麼做的好處遠遠大於壞處，大人只要秉持著「失敗為成功之母」的觀念即可。

不過，就算知道這種客套話……但是一想到孩子得挑戰「絕對不可能」的目標時，大人還是會想阻止孩子。

這種時候若是從一開始就否定孩子「你辦不到」、「你沒那麼聰明」，會徹底摧毀孩子的幹勁。

「那你看看該怎麼做才會實現」這時只要這樣問問孩子就可以了，不是嗎？

孩子肯定會絞盡腦汁，拚命思考邁向成功之路的方法。

這種努力的經驗有助於提升孩子與生俱來的能力。

而且我有時候也會抱持著「說不定會實現」的想法。

未來的事情沒有人知道，孩子人生剩下

的道路也比我們長了許多。既然不是完全不可能，那麼身為大人應該做的事情，就是要摧毀孩子的夢想。

很可愛的想法……但我想是辦不到的

我長大後要當一隻貓

換句話說！

「試試看吧。」
「想想看要怎麼做才能夠實現。」

35

「你只要認真念書就好了！」

限制孩子的行動，會導致原本應成長的能力萎縮。

重要性 ★ ★ ★ ★ ☆

大人總希望孩子年幼時，

能盡量在良好的環境下讀書！

所以讀書以外的事情

都要盡量忍耐。

只有成績絕對不可以變差。

☆ 將目光放在比學習更重要的事物上。

大人總是嘮叨著要孩子「念書」，是基於

父愛與母愛。

成績好會比較吃香，學習能力佳的話未

來的選項也會比較多，因此我能理解為什麼

有些人會認為「父母必須幫孩子鋪好一定程

度的軌道」。

但若是要求到「你只要讀書就好」的程

度，就有點走偏了。

據說有些父母明明孩子都已經在

哭了，仍強迫孩子讀書，對孩子說「成績退

步的話我可饒不了你」。

不讓孩子和朋友往來或玩耍、沒有考到

理想成績就責罵好幾個小時、認為讀書比睡

眠重要、讀書比吃飯重要……過度斯巴達式

的教育其實也是一種虐待（日本甚至有個名

如果成績不好，

媽媽就不開心對吧？

不能只
讀書而已…

詞叫做「教育虐待」）。

詞叫做「教育虐待」）。

若是父母誤以為「孩子的成績＝自己的育兒成果」，就更容易將孩子逼到走投無路。

專注於學習並取得成果是件「好事」，不僅能夠獲得成就感與滿足感，被他人稱讚時也能夠滿足優越感。

所以父母很容易認為自己逼迫孩子「是正確的」。

但是只能靠成績確認自我價值的孩子，即使長大後也無法肯定自己的價值，會導致

他無法擁有自信。

就如同再健康的食品，如果只吃一種的話身體會壞掉一樣，只會讀書的話也培養不出健全的身心。

雖然這裡談的是讀書，但是運動技能與其他才藝也是相同的。

就如同健康的身體必須均衡攝取豐富的營養一樣，希望各位能讓孩子多吸收各種經驗，拓展人生的寬度。

換句話說！

「多找點有趣的事情來做吧。」

36

『你好髒喔／不要弄髒啦』

在意髒污的話就無法專注於遊戲。

重要性
★ ★ ☆ ☆ ☆

孩子總是能把自己弄得髒兮兮，
讓人不禁大吼：
「不要弄髒啦！」

打翻食物、玩泥巴、
沾到草汁、顏料、蠟筆等……

☆ 孩子會在髒污中成長。

我們身為父母，都會希望「不斷讓孩子成長茁壯」，還會想「希望加強他的運動神經」、「希望他成為會創造事物的人」、「想讓他身體更健康」等。

但是各位不覺得懷抱這些期望時，還要求孩子「不要弄髒」是很矛盾的嗎？

孩子會透過玩得髒兮兮來培養身體、心靈、智慧與社會性。

愈是活潑的孩子愈是容易玩得髒兮兮。

專注於遊戲中的孩子，沒注意到衣服弄髒是很正常的。

如果父母一直在旁邊叮嚀「不要弄髒」或是斥責孩子衣物上的髒污，最終孩子也會變得很在意衣服的髒污。

如此一來……確實洗衣服會輕鬆許多，

我剛才太認真玩了，
完全沒注意到
弄髒了……

但是當孩子變得無法專注於遊戲時，能夠從中學到的事物就會變少。

而且孩子也會養成「不照父母心意去做不行」的思考模式，就算想做什麼事，都會在意「父母是否喜歡」，導致自己踩下剎車。

我認為孩子升上小學高年級後，再學會考慮「弄髒衣服會讓媽媽傷腦筋」即可。當孩子差不多到這個年紀時，只要偶爾讓他自己手洗髒掉的衣服，實際體會髒衣服有多難洗就好。

我回來了～！

很有孩子的樣子！

但是先在玄關脫掉啊…

話說回來，說到髒就不能漏掉小嬰兒。

小嬰兒用舌頭舔拿在手上的東西時，似乎是在藉由最敏銳的舌頭感官，探索「這是什麼」的樣子。

不斷揉捏食物，似乎也是在用手的觸覺感受。

所以只要在避免孩子拿到危險物品的情況下，希望大人不要嫌孩子「髒」，在可容許的範圍內盡量讓孩子多加體驗，促進孩子的發展。

換句話說！

「你玩得很認真耶，好玩嗎？」

「去浴室洗一下衣服吧？」

37

「我不想聽你說別人壞話」

孩子說別人壞話時，不聽理由就制止是NG行為。

重要性
★ ★ ★ ☆ ☆

我家孩子從學校回來後就開始說朋友的壞話，例如「那個人很笨」、「那個人髮型很奇怪」等，真的很想制止……。

☆ 先若無其事地聽孩子說吧。

孩子說朋友或老師的壞話時，各位會怎麼做呢？

身為父母會想斥責孩子「說人家壞話不好，別再這樣了」或是教導孩子「不可以說這種話喔」，甚至會告訴孩子「要是別人這樣說你，你也會不開心吧？」、「多找找朋友的優點吧」。

孩子說朋友或老師的壞話時，各位會怎麼做呢？

> 我才不是要說壞話……
> 但是媽媽
> 都不聽我說。

但是在那之前，先搞清楚孩子說壞話的原因似乎比較好。

畢竟沒有人會「毫無原因地說他人的壞話」吧？至少身為父母，應該要相信孩子的人品。

孩子說壞話的「理由」有各式各樣的可能性。

或許是透過向媽媽報告情況，整理自己

90

與朋友失和的心情；或許是想要努力克服對老師的不滿；或許是發生討厭的事情，希望有人聽自己埋怨……。

更何況……不是有所謂的真心話與客套話嗎？

我們會客套地說著「不可以說壞話」，但是只要是人，誰都會在內心有「不好的想法」。

如果孩子內心不好的想法＝真心話，被父母當作壞事斥責或是無視，孩子可能會心想「自己是不是很糟糕的人？」而想不開，

進而失去自信。

但是不管怎麼想，做父母的總不能陪孩子一起說別人壞話吧？

那麼該怎麼辦才好呢？其實不必批評或是給予評價，只要聽孩子說就好。

例如回答「喔～原來是這樣」接受孩子的想法，或是附和孩子的話「原來○○會對朋友做這種事情啊」。

光是這樣就能夠讓孩子感受到「自己被接受了」，於是就能夠憑自己的力量繼續向前邁進。

換句話說！
「原來是這樣。」
「原來○○
會這樣啊！」

38

「趕快去寫作業」

強迫孩子去做也無法養成學習的習慣。

重要性
★ ★ ☆ ☆ ☆

真希望孩子至少能夠主動做好每天的作業。

每天都得問「作業寫了嗎？」、「快點寫作業！」實在令人疲倦。

☆ 想辦法若無其事地提升孩子幹勁。

聽說女兒的朋友裡成績比較好的孩子，都養成了回家之後馬上寫完作業再開始玩的習慣。

當然我家也要求過孩子「寫完作業再出去玩」。

但是女兒的回答是「這樣子就沒時間玩了，我沒辦法！」。成績好的孩子很快就寫完

作業了，所以不會覺得先寫作業再玩很痛苦。

但是成績沒這麼好的孩子，該怎麼做才能夠讓他們主動寫作業呢？我也曾經想過好幾個辦法。

我試過先允許孩子出去玩，回來後馬上要求他寫作業……結果失敗了。

我也曾經若無其事地拋出話題：「今天開心嗎？是說學校出了什麼樣的作業？」結果孩

（對話框）
我已經打算要做了，但是被強迫就不想做了。

92

書桌前的話，孩子也會養成坐在書桌前的習慣」。

這是真的。我曾有過這樣的經驗，當我在孩子面前翻開筆記本準備執照的考試，或是開始手寫一些事務作業後，孩子也跟著做起了作業。

看到孩子不用我唸就主動去做作業時，稱讚他「你真努力」後，我也曾收到「我明天也會好好寫作業！」的回應。

子自己想到「必須寫作業才行」。

如果這麼做孩子還是不肯去寫作業時，就可以問一下「你打算幾點寫作業？」。

如果孩子在自己決定好的時間還沒動作，也不要催促他「快去寫作業」，只要提醒他「○點了喔」就好。

由於孩子被父母催促會感到反彈，因此我也曾用鬧鐘催促，聽到孩子決定好的時間後表示：「那我先設好鬧鐘喔。」

我們經常聽到有人說「父母平常就坐在

換句話說！

「你打算幾點寫作業？」
「媽媽要來念書了！」

39

『你已經飽了嗎？』

太逼迫食量小的孩子，會讓他愈來愈食不下嚥。

重要性 ★ ★ ☆ ☆ ☆

我家孩子的好惡很明顯，食量也很小，平常都吃不多。每次用餐都得叮嚀孩子「多吃一點」，覺得心很累。

☆ 全部吃光有助於提升自信。

世界上的孩子形形色色，有吃得多的孩子，也有食量小的孩子。

身為父母，當然要看到孩子無論喜不喜歡都全部吃光才會放心，但是孩子每天的情緒與身體狀況都不同，很難如父母所願。

不過，若是因為孩子不吃就施加壓力，反而會讓孩子失去食慾。就算是大人，要是

別人一直強迫自己吃下大碗的飯，也會覺得很疲倦吧？

面對不愛吃飯的孩子時，常見的應對方法包括限制甜食、讓孩子進行充分活動身體的遊戲，或是減少孩子的飯菜量，給予他「吃完了！」的滿足感。有些人則會規定吃飯時間，時間一到就果斷收掉。此外也可以出門野餐、讓孩子與朋友一起吃飯煽動競爭心理，或是爸爸媽媽吃給孩子看，表現

被施壓的話，就品嘗不出味道，食慾也會消失。

好啦好啦，到了一定年紀就會吃了吧？

我討一厭蔬菜

肉

出「很好吃」的樣子，這些方法似乎都很有效果。

所以請各位在不勉強的前提下，多多嘗試各種方法，試著改變用餐狀況或是表達方式吧。

但是苦惱孩子用餐問題的人，多半是煩惱著「都已經想方設法了，孩子還是不肯乖乖吃」。

或許最後只能放棄，把「反正餓了就會吃」當作最後的手段。

換句話說！
「你全部吃完了!?」
「好厲害！」
「好好吃喔。」

孩子食量小不是媽媽的錯，只要孩子能夠活潑玩耍，那麼當前的食量就是適合孩子的食量。雖然難免在意孩子吃得比其他孩子少，但這並不是非得與其他人比較的事情不是嗎？

孩子吃完就稱讚他——只要不斷這麼做，不知不覺中孩子就會吃得更多，愈來愈不挑食，這種案例也不少。

吃飯應該要吃得美味、吃得開心。吃飯不只能夠補充身體的營養，如果用餐時間也能夠為內心補充營養，那才是最理想的。

40

『湊巧而已吧？』

妳是否成為了無法認同孩子成功的媽媽呢？

孩子考出好成績時、運動會拿到第一名時……

為了避免孩子驕傲自滿，就說出了：

「湊巧而已吧？」

☆ 和孩子一起培養自信吧。

「湊巧而已吧？」這句話的背後，隱含著「要保持謙虛」的忠告對吧？這其實是大人心想「雖然這次幸運成功了，但要避免孩子下次失敗時氣餒」所展現出的體貼。

但是「在孩子受傷前先打預防針」的想法，或許等同於已經認定「我家孩子一定會失敗受傷」。

身旁的大人過於看輕自己的話，孩子也不會有自信。

若這次真的只是剛好運氣好的話，只要以此為契機，鼓勵孩子「有心就辦得到」就有可能促成孩子更有自信。

話說回來，在這世界上，也有些人如果不貶低他人就會覺得不安，就算對方是自己的親生骨肉也一樣。

所以說出「湊巧而已吧？」這句話時，

> 我那麼努力了，
> 媽媽卻沒有為我開心，
> 好難過……

96

請試著探索自己的內心，想想自己是不是故意在找孩子的碴。

試圖找出他人的缺點，其實是為了證明自己比較厲害。也就是說，這是沒有自信的證明。

如果覺得自己似乎真是如此也沒關係，有個方法可以幫助你培養出自己的自信。

那就是用「恭喜」、「太好了」等話語，認同孩子的成功。

我在前面的章節也說過，從自己口中說出的話語也會傳進自己的耳裡，據說人的大

腦不善於分辨話是他人說的還是自己說的。

也就是說有助於培養孩子自信的話語，也能夠提升父母本身的自信。只要多留意自己的用字遣詞，相信就能夠同時提升親子雙方的自信心。

換句話說！

「你成功了！」
「太好了！」
「我也得更努力才行！」

這應該真的是湊巧的…吧？

41

『做那種事會被笑喔』

依他人的想法決定自己的行為，會活得很辛苦。

重要性
★★★★☆

開始育兒後，很容易會在意他人的看法，也會希望孩子不要成為會被他人嘲笑的孩子。

☆ 不要過於執著配合他人。

「不要做出會被笑的行為」、「不要成為會被他人指指點點的人」相信很多人在成長過程中，都聽過這些叮嚀吧？我從小就很常被父母這麼唸。

因此我養成了默默觀察周遭，盡量避免自己太過顯眼，想辦法與他人相同、不要太過突出的習慣。

媽媽認為別人的眼光
比自己的孩子
更重要嗎？

我覺得和別人不一樣是很丟臉的事，脫離框架很可怕。

但是我不認為這是壞事。配合整個群體，讓事情能順利進行是件好事。

但是從培養孩子的自信這個角度來看，避免「過度要求孩子合群」或許會比較好。

畢竟「和他人不同就無法安心」，和自信是完全相反的狀態。

過度配合周遭的父母，也會要求孩子必

98

須與他人步調一致。希望孩子不要在冷漠的社會遭到嘲笑或指點，正是所謂的父母心。

但是這麼做卻只會讓孩子同時遭受父母與社會的責難，感到壓力。

一直強迫孩子配合這個社會，無法培育出孩子的自信心，嚴重時還會演變成「我拒絕配合這樣的社會！」、「只會以別人眼光為基準、自己什麼也不想的父母，說出來的話實在太愚蠢了，聽不下去」。

孩子根本就不曉得配合這個社會有多麼辛苦，也不明白大人的用心良苦……。

我們得想辦法避免這種事態發生。

身為父母，我們也可以讓自己稍微超出框架，不要那麼害怕與他人不同。

舉例來說，在大家都喝檸檬茶的時候，試著刻意自己一個人點咖啡等等。就算只有這種小小的「差異」也無妨。

剛開始時需要勇氣。但是當大人認同了「與他人不同的自己」時，孩子也會擁有自信，認為「做自己就好了！」。

自信滿滿

頭髮亂翹
飯粒
前後穿反
破掉了
襯衫沒繫好

換句話說！
「你就照自己的想法去做吧！」

42

『別撒嬌了』

不讓孩子撒嬌，想藉此培養孩子獨立的個性，卻可能造成反效果。

重要性 ★★★☆☆

「別撒嬌了！」

讓人不禁強硬說出⋯

或是跑來磨蹭身體，

孩子卻很快就吵著要抱，

希望孩子獨立，

☆ 讓孩子撒嬌有助於成長。

「那個人太天真了」、「自己真是太單純了」……我們常將「天真」、「天真單純」這樣的字用在負面意義上對吧？

如果是我，我不希望自己的孩子長大變成一個「天真單純」的大人。

但是喊著「媽媽」跑過來撒嬌的孩子很可愛……究竟該放任孩子撒嬌呢？還是要硬

起心腸推開他，讓他獨立自主呢？我也曾如此煩惱過。

從結論來說，想讓孩子養成獨立的個性時，其實讓孩子撒嬌也無妨，不如說讓孩子撒嬌比較好。

父母接受自己的「撒嬌」時，孩子會安心地認為「自己受到重視」。這份安心感有助於培養孩子「我自己也要好好努力」的幹

媽媽討厭我了嗎？好害怕喔……

勁，讓孩子變得更加獨立。

但是世界上沒有24小時都充滿幹勁的人。孩子會和別人吵架、遭遇失敗，在外面感到氣餒的時候，回到信賴的父母身邊「撒嬌」獲取的「安心感」，正是幹勁的養分。

孩子會像鐘擺一樣，在能夠向父母撒嬌的內心世界，以及必須自己面對的外在世界之間來來去去，然後逐漸培養出自信心。

所以請放心地接受孩子的撒嬌吧。

但是也有些大人不擅長應付孩子的「撒嬌」，甚至孩子如果向自己撒嬌的話會覺得不愉快。

說不定這樣的人，內心也因為沒有得到滿足而懷有一些嫉妒般的情緒，心想：「我也很想撒嬌啊！」

愛情並不是自己沒有獲得過，就給不了別人的東西。

請各位在讓孩子撒嬌時，試著想像自己同時也擁抱著心中「小小的自己」吧……就

算無法馬上去除內心的刺，至少也能夠一滴一滴慢慢靠自己療傷。

換句話說！

「盡情撒嬌吧。」
「你真可愛！」

43

「給我道歉」

孩子說不出「對不起」是有自己的理由的。

兒子和朋友吵架之後無法坦率道歉。

「給我道歉！」

「你的對不起呢？」

最後只好強迫他道歉了。

☆ 聽聽孩子的理由，引導孩子思考。

孩子做錯事的時候，大人就會想要強迫孩子道歉：「給我道歉！」、「你的對不起呢？」

但是強迫孩子道歉的話，很容易招致負面的影響。

讓孩子未經反省就口頭上道歉並獲得原諒的話，孩子會誤以為「只要道歉就會被原諒」。要是孩子長大後認為「只要支付罰款就好了吧」、「不管犯什麼罪，只要被關過就算贖罪了」那就傷腦筋了。

為了避免發生這種事，孩子做錯事時最佳的應對方法，就是認真聆聽孩子的理由，引導孩子自己思考該怎麼彌補，讓孩子用自己的話向對方道歉。

但是沒辦法每次都這麼做對吧？

> 為什麼必須道歉呢？
> 也好好聽我說啊！

不好意思

孩子打了朋友或是惹哭朋友時，如果不當場道歉的話，不管是小孩還是家長，雙方的人際關係都會產生裂痕。

然而若因為顧及與周遭人的關係，而表現出「總之你先道歉」的態度，孩子會認為「比起我的心情，媽媽更重視與其他人的關係」。

雖然孩子很重要，但是也想維護人際關係……這種情況真的很為難對吧？

有時候放棄「最佳的應對方式」，由父

母當場先代替孩子道歉「真的很抱歉！」也沒關係。

事後再好好聽聽孩子的理由，顧慮孩子的心情即可。

謝罪對大人來說也是一大難事。

正因如此，大人更應該要協助孩子自己思考。

思考自己犯下的過錯，能夠讓孩子體認到必須對自己的言行負責，並培養出自行解決問題的能力。我相信這些到最後一定會成為將來自信的基礎。

換句話說！

「發生什麼事情了呢？」
「真的很抱歉！」
（媽媽先向對方道歉）

103

44

『別再自誇了』

好不容易成功卻沒人肯定自己，就無法轉換成自信了。

重要性
★
★
★
☆
☆

兒子很愛自誇。

雖然我明白自誇會心情很好，

但是這麼做做朋友會討厭吧？

所以就斥責孩子……

「別再自誇了。」

☆ 聆聽孩子的自誇吧。

「我比賽跑了第一名」、「我被老師稱讚了」、「我把營養午餐吃得一乾二淨」……孩子有時候會像這樣自豪地說起自己做的事對吧？

只要不要太過分，父母還能夠面帶笑容地聆聽，但是孩子自誇太久時，父母就會不禁思考「說不定長大後會變得很愛自誇，惹

我明明超開心的，

為什麼媽媽不開心呢？

人厭」、「朋友說不定會嫌煩？」。

但是，自誇其實是種很直接的喜悅表達方式。孩子想和最愛的爸爸媽媽一起分享這份喜悅，才會向父母報告。

自信需要靠無數的成功經驗累積而成，但是只有成功經驗是不夠的，過程中還必須獲得他人的認同。

孩子最希望獲得認同的對象，果然還是

很厲害
對吧—

好厲害　　　好厲害

父母吧？所以孩子在自誇時，請將其視為培養自信的好機會，靜靜聆聽即可。

孩子個性比較內向時，也可以藉由「今天有沒有表現特別好的地方呢？」引導孩子自誇。

我們偶爾也會遇到「總是自誇的討厭大人」，他們大多是小時候不被他人接納，內心的創傷一直未受撫平。為了彌補當年的遺憾，只要有人願意聽，就會不厭其煩地反覆述說……這麼一想，就覺得有些寂寞呢。

所以可趁孩子還小的時候，就多稱讚孩子「好厲害」、「做得真好」接受孩子的成功，並同理孩子的感受，孩子應該就不會長成那樣的大人了。

若是身邊有願意聽自己自誇的大人，孩子也會隨著成長開始考慮對方的心情，學會體貼的對話方式。

如果是不懂得「適可而止」的孩子，也可以告訴孩子：「要自誇要偷偷跟媽媽說，不要說出去喔！」

換句話說！

「好厲害喔。」
「真不愧是你。」
「太好了。」

一直努力的媽媽也要休息一下，偶爾當個傻瓜父母（？）吧！

「我還不夠好」、「我必須更努力才行」能夠這樣想是很棒的事情，因為不輕易滿足於現況才能夠進步。

但是總是抱持如此想法持續努力的話，就如同一直跑步不停歇一樣，身心都會很疲倦。

此外孩子也想認為「自己很了不起」，希望有某個人能肯定自己。

我認為體認這份心情並滿足孩子的需求，也是身為父母的工作。

所以當孩子的努力獲得成果時，或是看得見孩子的努力時，身為父母就盡情地為他開心吧。比當事人高興也好，像個溺愛子女的傻瓜父母（？）也好，畢竟是自家的可愛孩子啊！

見到父母為自己開心時，孩子就會變得更加開心，甚至為自己感到驕傲（說不定還會害羞地說「好了啦……」）。

第5章

「父母守護著自己」的信賴感
有助於拓展孩子的自信。

別利用恐懼支配孩子

45

「我不管你囉」

孩子只是因為害怕被拋棄才聽話的。

重要性 ★ ★ ★ ☆ ☆

孩子有時會被某些事物吸引而駐足不肯再走。

這時只要威脅孩子「我不管你囉」孩子就會乖乖走了……

但是這樣好嗎？

☆ 別拋棄孩子，跟孩子一起走吧。

若孩子玩得入迷而不肯走，或是被某些事物吸引而駐足，但是自己之後還有事情要辦，這種時候很傷腦筋對吧？

我也常常在帶小孩從幼稚園回家的時候說「我要把妳丟在這裡囉？」，剛開始孩子會慌張跟上，但是最後她發現「媽媽不會真的丟下我」，結果就失效了。

我是沒人要的小孩嗎？

我要被拋棄了嗎？

當時女兒的幼稚園班導告訴我，不要說出「我不管妳囉」這種話比較好。這樣孩子會為了不被父母丟下，強行壓下自己的想法聽從父母的話。

最終可能演變成只有在父母面前會「裝乖」而已。

當時班導建議的替代方案，是跟孩子說「一起走囉」，或是陪孩子玩到膩為止。

媽媽或是爸爸願意陪孩子嘗試各種事物的話，就能夠滿足孩子的內心，培養孩子的自尊心與智能。

能夠這麼做當然是最好的，但是精神上或時間上不夠充裕時，根本就辦不到。

很多事情光玩5～10分鐘根本不會膩，況且後面還要吃飯、洗澡。

我家的做法是訂好時間，例如只配合孩子到6點半，或是只配合15分鐘。

具體的說話技巧，則是在孩子步伐放慢時說「哇～妳走得好快喔！」、「謝謝妳陪我趕路」，有時這麼說相當有效。儘管孩子走得

等等

我沒有打算拋棄你啊！

慢吞吞，只要說話時當作「孩子正以超快速趕路」，孩子就會打算照著做，非常神奇。

順道一提，從幼稚園回家的路上，當我希望孩子走快一點時，我的密技就是順路去途中的超市買冰淇淋。這時只要說「冰淇淋會融化喔」，孩子就會很認真地朝著家趕路。

換句話說！

「一起走吧。」
「謝謝你願意跟我走。」

46

「很危險，快住手」

幫孩子去除路上所有的荊棘，孩子就無法學會保護自己。

重要性
★
★★★★☆

孩子會想爬上攀登架，
或是想要拿菜刀……
盡是想做一些危險的事情，
讓人整天都得急忙阻止：
「很危險，快住手！」

☆ 野生養法可以為孩子增添自信。

很早之前就有個說法，認為現代孩子的身體能力變差了，雙手都不靈活。似乎是因為孩子不像以前總是在野外活用身體玩耍，也很少有機會用到剪刀或刀子等。

大人一下子就說「很危險，快住手！」，孩子就不容易培養出察覺危險並保護自己的能力、體力與靈活度

等等。

所以讓孩子接觸一些略帶危險的事物比較好的樣子。

但是就算專家學者這麼說……做父母的還是不希望孩子受傷，盡可能想避免孩子接觸危險事物。

沒錯。要阻止自己說出「很危險，快住手！」時，父母需要比孩子更大的勇氣，畢竟父母是真的很擔心。

這個世界
到處都很危險……
太可怕了，
我別再挑戰了吧。

但是我們沒辦法守護孩子一輩子，所以請從旁靜靜守候，不要太過恐慌。

有時在知道會有危險的情況下，不妨緊盯著孩子，為了可以及時救援先找好最佳位置，然後屏氣守侯等待。

戰勝爬到攀登架高處的恐懼；獨自在親戚家過夜，強忍爸媽不在身旁的寂寞；克服對自己能力的擔憂等⋯⋯有過這些經歷後，孩子就會培養出勇氣、幹勁與自信。

當孩子露出「我靠自己做到了！」的滿足表情時（或是失敗了仍願意挑戰時），就盡情抱住孩子加以讚賞吧。

換句話說！

「別擔心！你可以的！」

「你成功了呢！」

膽戰心驚

47

「我揍你喔！」

用體罰逼孩子聽話，就無法培養出有自信的孩子。

重要性
★
★ ★ ★ ★ ★

我家孩子很不聽話，

只說「不行」、「住手」

完全沒有效果。

只有威脅孩子「我揍你喔」

才能夠讓孩子聽話。

☆ **想辦法不借助體罰育兒吧。**

孩子總是不聽話時，想要光憑言語制止

孩子真的很辛苦。

相較之下，只要祭出拳頭就能夠快速解

決事情。據說會體罰孩子的父母，多半都會

說「自己是為了管教孩子」。

過去的育兒方式確實是這種風格，甚至

還有「愛的鞭子」這種詞彙。我並不是要完

全否定這種做法，只是育兒的常識已經

大幅變動，現在很多人都知道體罰是不

好的。

據說體罰只會帶來「挨揍的憎恨」。明

明是為了孩子好，卻反而遭致怨恨，這樣不

論是父母還是孩子都很悲哀。

受體罰的孩子在體認到「自己做了壞事

所以被打」的同時，也會認為「他人做壞事

時也可以用暴力制裁」。

> 我很怕痛，
> 所以只好聽話了。

我～要 冷～靜

自己是正義的一方就可以付諸暴力，事情發展不如己願時用蠻力解決比較快。如果孩子養成這樣的思維，就會變成不講道理的大人，如此一來就傷腦筋了。

此外就算沒有實際動手，藉由「我要體罰囉」這種威脅強迫孩子聽話，也與實際的體罰無異。

所以請具體責罵孩子的錯處，不要借助體罰教育孩子。

在責罵孩子的時候，要蹲下來與孩子四目相交，用嚴肅的語氣告訴他「我希望你住手」。

冷靜地說服孩子，比起威脅更能讓孩子感受到大人是認真的。

如果真的火大到忍不住想動手時，就先離開現場冷靜一下吧。

透過喝杯水、從一數到十、深呼吸等與事件無關的行為為內心爭取一些「餘裕」，試著慢慢撫平怒氣吧。

換句話說！

「請你住手。」（嚴肅）

48

「你再這樣下去，無法成為像樣的大人」

不看好孩子的未來，孩子就真的會往壞的方向發展……。

重要性
★ ★ ★ ★ ★

孩子總是沉迷於喜歡的事物，不想做的事情就碰都不碰。

讓父母總是嚴厲斥責：

「你再這樣下去，無法成為像樣的大人！」

☆ 試著從其他角度看待吧。

對孩子產生「這樣下去不行」的想法絕對不是壞事，因為會想「不能放著不管」、「得想想辦法」正是出自溫柔的父母心。

但是，我認為實際說出「你再這樣下去無法成為像樣的大人」不是件好事。

因為愈是像樣的大人，更容易將目光放在孩子的缺點上。

這時從另一個角度去看待，應該就會輕鬆一點。

反正我不會成為像樣的大人，那就繼續這樣吧。

相較於大力否定孩子的人格與未來，具體指出希望孩子改善的小小行為，孩子也比較容易聽得進去。

世上並無完人，所以大人也應該適度認同孩子的缺點。但是……有時身為父母，更容易說中。

114

滿身缺點等於滿身優點嗎？

就算是相同的事情，只要用不同的角度看待，也會有不一樣的意思。舉例來說，遠足的日子下雨會讓人很傷腦筋，但是這場雨對農人來說卻是老天爺的恩惠，所以從正面的角度來看，這場雨代表「能夠吃到美味的蔬菜了」。

孩子的個性看在父母眼裡或許會認為是

缺點，但也可能隱藏著孩子的特色與優點。

以我家女兒們為例……

「很吵」→「活潑」

「懶散」→「沉穩」

「愛反抗」→「獨立」

若是多少能找到孩子的優點，父母的心情也會放鬆一點。此外將這些察覺到的優點轉換成語言告訴孩子，孩子或許也會變得更好溝通。

就算孩子有缺點也無妨，父母的認同才是培育自信的最大關鍵。

換句話說！

「希望這裡可以改善～」

49 『可別失敗啊』

各位是否總是搶在孩子前面，想預防孩子失敗呢？

孩子看起來快要失敗時，就開口提醒「要注意別失敗囉」，或是搶在前面出手相助……這樣是否過度保護了呢？

☆ 勇敢一點讓孩子失敗吧。

育兒的書籍經常提到，讓孩子趁小接觸各種失敗比較好。裡面還寫說……不讓孩子失敗，等同於剝奪了孩子成長的機會。

人在失敗後會基於「我做不到！」、「好懊悔！」等想法重新振作，並思考「下次該怎麼做才會成功」，而人類就是透過一次又一次的經驗成長的。

但是真的要讓自己的孩子「體驗失敗」

失敗過後靠自己的力量重新振作起來，這種內心的原動力就是「自信」。

相反的，從未體驗過失敗的人，長大後會過度害怕遭受挫折而不敢挑戰新的事物，也會不耐打擊，小小的失敗就容易受到大大的傷害。

多管閒事！
失敗也沒關係，
讓我依自己的
想法進行！

重要性
★ ★ ☆ ☆ ☆

116

呀～
別切到手啊
手移開～

卻是很困難的一件事情。

做父母的總是會想很多，例如不想看到孩子沮喪、不希望老師或其他媽媽認為「那個人都沒在管教孩子」、孩子有可能會認為「媽媽都袖手旁觀」而受傷……。

身為父母，發現孩子有狀況就想開口或出手干涉是正常的。但是只要不危險的話，

也可以「刻意不去看」以避免自己發現。

我曾想過「孩子會從失敗中學習，所以失敗是好事。如果孩子失敗後試著稱讚孩子會怎麼樣呢？」於是就嘗試看看。

結果我家孩子更加來勁，最後還笑咪咪地刻意失敗，所以我只好放棄。

父母能做的，或許只有事先排除真正有危險的事物，接著告訴自己「失敗為成功之母」然後不斷忍耐吧。

換句話說！

「唉喲喂呀。」
「失敗了也沒關係。」

50

「我不管你了啦」

雖然很清楚媽媽失去理智也無助於事……。

重要性　★★★☆☆

雖然明白孩子都有不要不要時期，

但是每天只會說「不要！」、「不對！」

根本是在挑戰父母極限。

最後忍不住喊出「我不管你了啦！」

然後陷入自我厭惡……。

☆ 不要不要時期是順利成長的證據。

孩子2歲時，正是最難搞的不要不要時期……「不要」、「不對」、「我要自己弄！」孩子總是像這樣拒絕大人，最後又因為事情不如預期而嚎啕大哭。

我也曾失去理智大喊「啊～我不管你了啦！」，而且還不是一次兩次而已。

不只是對孩子感到煩躁，也對無法溫柔

不要不管我啦，
我不是故意
要讓媽媽困擾。

對待孩子的自己感到厭惡……甚至有好幾次索性和孩子一起哭了。

但是孩子並非故意要讓父母傷腦筋。

2歲的不要不要時期，是正常的成長過程，也是孩子開始出現「想自己做」的意願的證據。但是孩子理所當然的，這時期的孩子還什麼都做不好。這種想像與現實的落差，會轉變為「不要不要」爆發出來。

據說在這個時期，當孩子表示「想自己做」時，就算會花很多時間，也要盡量讓孩子自己動手比較好。

就算要幫助孩子，也要讓孩子自己做到一定程度後，再問「能不能讓我幫你呢？」而非「要不要我來幫你」。

因為孩子沒辦法全部都自己來，所以我也曾經只讓孩子完成最後一道程序，將功勞讓給孩子。

另外「二擇一作戰」也很有效果，讓孩子選擇「這兩件事你要做哪一個？」孩子就會覺得是自己做決定的。還有像是「不准去刷牙喔」、「絕對不可以睡覺喔」，有時反向利用「不要不要」時期的特點，也能夠引導孩子做出想要的反應。

雖然我竭盡所能地嘗試過了，但是仍沒找到一勞永逸的好方法。

畢竟這是孩子正常的發育過程，所以或

許只能當成害喜一般，深信撐過這段時期就沒事了。

據說在這時期抗拒得愈劇烈的「難搞孩子」，想像力與獨立心愈是強盛，可以說是「值得期待的孩子」喔。

換句話說！

「這兩件事你要做哪一個？」
「自己做做看吧。」

我要自己做

不行

不要

我也不行

我也不要

我也要做

我曾試著重複孩子的話。

51

「沒有我的話，你什麼都做不好」

家長照顧得愈多，孩子就會變成「愈需要照顧的孩子」。

重要性 ★★★☆☆

孩子總是馬上就喊「媽媽～」求救，
「這孩子沒有媽媽的話，
什麼都做不好」當我這麼說後，
卻被丈夫指責
這樣是過度保護。

☆ **主角是孩子，父母只要關注孩子。**

「真是的，這孩子沒有我幫忙的話，就什麼都做不好」媽媽這麼說道。在孩子還小的時候，媽媽說出這番話是相當溫馨的。但是如果孩子上了大學、出社會時，媽媽還說著一樣的話，那就不太妙了吧？

現在孩子還小的家長，應該都認為自己不會變成那樣吧。但是「孩子明明會自己長大，父母卻無法改變自己的態度」這種事其實經常發生。

我們身為父母，其實心裡也會希望「自己被孩子需要」，而且比實際上更容易認為「他還是個孩子」。一直維持這種態度的話，就會錯失「讓孩子獨立」的時機，變成孩子明明長大了，卻仍跟前跟後嘮叨著的母親……。

為了避免這種事態發生，育兒時必須特

嗯。都是媽媽害我無法獨立，妳要一輩子照顧我！

育兒就是要堅忍不拔

你自己試試看吧

別留意「讓孩子獨立」這件事情。

具體來說就是……耐心等候。

抑制自己「想幫孩子做」的心情，在一旁守護，讓孩子自己思考並採取行動，就算孩子得花很長的時間，也不要催促他「快點完成」，而是在一旁靜靜等待。也就是說，我們必須忍耐。

就如同「親」這個字，就像是站在豎立的樹木旁看著一樣……但是實際做起來很困難對吧？

一直盯著孩子行動，就會忍不住想出手協助。

為了轉移注意力，我認為在等待的期間為孩子拍照，當作努力的紀錄也是個不錯的做法。

相反的，要是孩子明明自己辦得到，卻特別來要求「媽媽幫我～」的時候，就迅速協助孩子吧。

或許孩子只是想撒撒嬌，有時也可能是「想學習媽媽的做法」。

隨著孩子獨立，父母的出場機會就愈來愈少，實在是一件令人寂寞的事。但要是父母無法戰勝這份寂寞，孩子就沒辦法變得有自信了。

換句話說！

「你差不多該自己試試了吧？」

121

是靜靜守候？還是掌控孩子的人生？試著重新審視自己的內心吧！

對孩子來說，最害怕的就是被父母捨棄，而且大人與小孩之間的力量差距也相當懸殊。

所以我們身為父母，總是會不小心就用威脅的方式操控孩子。

透過威脅讓孩子乖乖照做，比認真與孩子談話、耐心與孩子打交道還要簡單輕鬆許多。

但是這樣一來，孩子無論長到幾歲，都只會是父母的魁儡而已。

父母愈是因為孩子聽話照做而感到喜悅，或許就愈危險也不一定。

親子之間不是支配關係，而是守候著孩子的父母，與在父母守候下慢慢長大的孩子。想要構築如此理想的關係，我們當父母的就要回頭審視自己的做法，想想自己「是否試圖掌控孩子」。我認為這是非常重要的。

第6章

「能夠生下來真是太好了！」的喜悅
讓孩子的自信充滿光輝。

不要把孩子拖進牢騷地獄

52

「都沒長大耶」

就算看似每天都一樣，孩子的內心其實也發生了某些變化。

兒子已經上了小學，還是一樣幼稚，讓人不禁感到厭煩。

有時也會忍不住想：

「孩子都沒長大耶……」

☆ 孩子積蓄能量後就會成長。

我們很容易以為成長就是不斷上升的圖表，今天比昨天順利、明天比今天更好、努力多少就會獲得多少回報。

但是事實上，孩子的成長狀態其實並非如此。

曾經有位老師用「鹿威」比喻。鹿威是一種在風情洋溢的日本庭園中，會發出敲打

我正在以自己的步調長大，不要抱怨，好好守護我就好。

聲響的竹製用品。盛滿一定水量後會突然動起來，但是在水還沒盛滿的時候，看起來一動也不動。

若是現在看不出孩子的成長，可能是因為孩子剛好正在累積經驗的時期。即使我們看不見，孩子肯定也正在發生變化。就像鹿威一樣，某天就會喀嚓一聲突然動起來。

所以不小心說出「你都沒進步」、「你都沒長大」的話，就等於否定了孩子日常的努

力，會讓孩子失去自信。

雖然當父母的當然會著急，但是最理想的狀態，還是不能操之過急，要靜靜守候著孩子。

育兒的煩惱都是期間限定的，每一項煩惱一定都有「結束」的一天。

在哺乳、換尿布、夜啼中無限循環的嬰兒時期；讓人想哭著問「還要跑到什麼時候？」追在孩子後頭的時期；不管說什麼都要否定的不要不要時期……雖然也有快樂的時光，但是對我來說厭煩到受不了的日子還比較多。

我好幾次一想到明天還要過著相同的日子，就想拋棄一切逃到遠方旅行。

但是回過神後，孩子已經長大到能夠完全打理自己的年紀。

孩子每天都在進步。

儘管如此，身為母親的我卻仍時不時把孩子當成嬰兒對待……讓孩子不禁苦笑「媽媽都沒有進步耶」。或許一直沒有成長的，是父母而不是孩子吧。

換句話說！

「今天比昨天
更好了呢。」
「你很努力呢。」

125

53

「那個老師不太好呢」

父母說老師的壞話，孩子也會不把老師當一回事。

重要性
★★★☆☆

今年的班導是剛畢業的年輕女性，

看起來不太可靠，

結果不小心對孩子說出：

「那個老師不太好，

你自己要多認真點。」

☆ 父母必須與學校同心協力。

做父母的，當然會在意班導是個什麼樣的人。

但是父母最好不要在孩子面前說別人壞話，尤其是說老師的壞話。

孩子要是真的相信「我的班導是個沒用的人」，那麼無論老師在學校教得多認真，都很難獲得效果。

那我不聽班導的話也沒關係囉？

我除了認識3個女兒從國小到高中的班導之外，也因為工作見過許多老師。

令人訝異的是，我遇見的這些老師全部（全部喔！）都對工作很有熱誠，除了上課之外也投注心力在社團活動的指導上，每天耗費大把時間認真考慮孩子的事情。

沒錯，會立志成為老師的人，本來就都個性認真也很喜歡孩子吧。

是位好老師喔

別擔心!!

○○老師啊

班導看起來愈是靠不住，就愈要告訴孩子「那是位好老師」，每逢學校的各式活動時，也要表現出「支持老師」的態度。

只要花心思尋找，就會發現不管是能陪孩子一起努力的年輕老師，還是經驗豐富的資深老師，都各有不同的優點。

有時可能是班導懷孕了，中途上陣的代課老師脫離家長的期望。但是也可以把這當作很好的機會教育，帶領孩子認識生命的重要。班導生病或受傷時也是如此，他們能夠教導孩子的不只有眼前的成績，肯定還會教會孩子許多同樣重要的事情。

我認為在認定老師「不太好」之前，先讓孩子看到自己積極尋找老師優點的態度，正是父母的責任。

但是不可否認的，現實中仍有少數令人困擾的老師，像是會體罰、性騷擾學生的老師，或者是無法授課、教學能力不足的教職員等。

如果不幸遇到問題教師，請千萬不要獨自對抗，應聯絡其他家長一起處理。必要時也可以帶著客觀的證據去找校長或學年主任申訴。

換句話說！
「你遇到了好老師，真幸運！」

54

「你可別變得跟你爸一樣」

對孩子抱怨丈夫的話，媽媽會變得不幸？

重要性
★ ★ ★ ★ ☆

丈夫實在是靠不住。

因為不希望孩子變成那樣，

就跟孩子說：

「你可別變得跟你爸一樣。」

「以後別找你爸那樣的人結婚。」

✿ 想辦法找出爸爸的優點吧。

有句話叫「世界上沒有不令人後悔的婚姻」，夫妻間會爭吵、遇見風浪。我家也……不，我不會寫出來的，但是幾乎沒有人對丈夫毫無怨言吧？

不過最好還是要避免在孩子面前說丈夫的壞話。

孩子有一半的基因來自爸爸，就算爸爸

真的很糟糕，聽到他人批評自己的爸爸，孩子也會覺得自己好像被否定了。

再加上媽媽要是滿口怨言，看起來很不幸福的話，孩子也會對未來的婚姻生活失去期待。

那麼不抱怨丈夫的話該怎麼做才好呢？這時請夫妻雙方正視婚姻生活，在孩子面前表現出努力改善的態度吧。

結婚好像

只有壞處……

我不覺得

未來會幸福。

128

就是因為辦不到才會抱怨……若是這樣的話，就請對同為媽媽的朋友等大人抱怨吧，不要在孩子面前說出來。

只要在能力所及的範圍內努力即可，夫妻應該盡量在孩子面前表現出互相尊重對方的態度。

若是媽媽在孩子面前強調爸爸的地位，表示「找爸爸商量看看吧」、「爸爸的工作很重要喔」，那麼孩子也會尊敬爸爸，心想「我是這麼棒的爸爸的孩子！」而能夠充滿自信。

說不定在孩子的尊敬之下，爸爸的行為也會往好的方向發展。

相信也有人認為自己的「婚姻失敗」對吧？儘管如此，還是盡量別在孩子面前貶低另一半比較好。

因為過去行為產生的結果，也就是誕生於這個世界上的，就是眼前的孩子。

「因為能與你相遇，所以我一點也不後悔過去的事」如果能這麼對孩子說的話，那就太好了。

換句話說！
「爸爸很厲害對吧！」
「我覺得能和媽媽結婚很幸福喔。」

55

『我真不該生孩子的』

必須不斷忍耐的育兒生活,讓媽媽也忍不住投降。

育兒很費工夫,孩子總是不聽話又很任性,讓媽媽完全沒有自己的時間。

每天都很後悔「不該生孩子的」。

☆ 媽媽也要珍惜「自己」。

無論孩子提出多麼任性的要求,都能夠微笑應對、輕鬆滿足孩子的幸福媽媽……雖然這聽起來很理想,但是世界上並沒有這種媽媽(真的有也是相當有錢的名媛吧……一般人很難辦到)。

「都是因為這孩子,我才沒辦法做喜歡的事情,一點自由時間也沒有」我也曾有過

重要性
★★★★★★★

> 覺得我的出生
> 好對不起媽媽……
> 我沒有活著的價值嗎?

這麼想的時期。

沒時間睡覺的新生兒時期、凡事都需要照顧的嬰兒時期。除了照顧孩子之外,還有不論多疲倦都不得不做的家事與工作。

每天都必須與睡意對抗,努力過日子。

育兒絕對不是什麼輕鬆的事情,肉體與精神都會飽受折磨。

可能有人會說「當媽媽本來就是這個樣子」,沒錯,這也是讓人痛苦的原因之一。

無論多麼努力、多麼忍耐都被當作「理所當然」的事，不僅沒有人會稱讚自己，孩子還一直在哭、讓人手忙腳亂……儘管這不是孩子的錯，還是令人不禁想責怪孩子「都是這孩子的錯……」。

結果又開始厭惡自己不夠成熟，煩惱自己是不是沒資格當個母親……我甚至曾因壓力引發突發性耳聾，其他還有內臟方面的疾病，讓我住院了好幾次。

雖然和孩子分開很難過，但是在住院與出院時我卻突然體會到一個事實……「沒有父母

在，孩子也會長大。」

為了家人犧牲自己的興趣、工作，將自己想做的事情不斷往後挪……乍看之下是種美德。

但是這只是錯覺而已。

這些壓力會在不知不覺間從內在腐蝕媽媽的身心，遲早會將煩躁宣洩在孩子身上。

雖然有時候必須忍耐，但是不必要的時候，請盡量不要忍耐。我認為這才是最理想的育兒狀態。

換句話說！
「我覺得能當你的媽媽很幸福喔。」

56

『‧‧‧‧‧‧唉（嘆氣）』

當著孩子的面嘆氣，孩子會覺得受到責難。

雖然覺得孩子很可愛，
但是只有育兒的生活太煎熬。
和昨天相同的今天，和今天相同的明天，
總覺得這樣的日子永無止盡，
讓人不禁嘆息。

☆ 傾吐內心的脆弱也沒關係！

經常有人會說：「孩子很快就長大，不好好享受育兒時光就太可惜了。」

雖然想盡力打造美好的回憶是件好事，但是也不必因為無法樂在其中就覺得自己不夠好。

在孩子年紀還小的時候，會覺得同樣的日子似乎將永無止盡持續下去。不管孩子多

媽媽是因為我才嘆氣的嗎？
媽媽不喜歡和我在一起嗎？

麼可愛，痛苦就是痛苦，煩躁時就是會感到煩躁。

但是在孩子面前仍應該盡量避免嘆氣。

當著孩子的面嘆氣，就等於默默傳達給孩子「我對你感到厭煩」的訊息。

孩子會小心翼翼地看媽媽的臉色，懷疑是不是「自己的錯」。

儘管如此，若是要求各位「連嘆息都得

重要性
★ ★ ★ ☆ ☆

132

忍耐」實在太不講道理了。

只要不是將問題歸咎在孩子頭上的說話方式，我認為媽媽偶爾向孩子傾吐內心的脆弱是沒問題的。

知道媽媽也有脆弱的一面時，孩子就會變得貼心。

「媽媽可以睡一下喔」、「我幫妳按摩」等，雖然看起來像是在玩家家酒，但是孩子想撫慰媽媽的心情是認真的。這時候就說聲「謝謝」讓孩子來療癒一下自己吧。

更何況，若是媽媽不願意傾吐自己的脆弱，孩子也會忍耐不說出脆弱的話，不斷勉強自己。

讓孩子實際體會「說出軟弱的話也沒關係」、「就算有脆弱的一面，也會被愛、被原諒」，孩子就會培養出自信，認為「就算自己不夠堅強也沒關係」。

就算有沮喪的日子，當媽媽的還是會想要表現得堅強一點對吧？

換句話說！

「喝！」（提起幹勁）

我某次不小心嘆息時，朋友發現了一個方法，那就是用力地嘆出胸口的悶氣。不是「唉……」這種綿長的嘆氣，而是「喝！」這種短促的方式。

試著去做後，我發現自己很神奇地恢復精神了。請各位務必嘗試一次看看。

唉～

喝！

這種比較好喔

57

『媽媽我真沒用』

孩子也會繼承父母的沒自信。

雖然希望孩子有自信，但是身為母親的我本身卻缺乏自信。

該怎麼培養出自己的自信呢？

☆ 自己也能夠為自己培養自信。

我們都希望能讓孩子有自信對吧？

但是如果詢問這些媽媽們「對自己有沒有自信？」的時候，大家（我大概也是）都會在胸前小幅揮動雙手，邊說著「沒有沒有」、「怎麼可能！」邊倒退三步。

大部分的媽媽都很謙虛，但是過度謙虛也不太好。

因為我是沒用的媽媽生下來的小孩，所以我當然也很沒用。

就算媽媽只是謙虛，孩子卻會直接接收字面上的意思，認為「我是沒用的父母所生」，我當然也很沒用」。

如果媽媽真的認為「自己沒用」的話，那就更不好了。這樣的媽媽會擅自認定「我生的小孩肯定不會多厲害」，進而影響對待孩子的態度。

媽媽本身是否有自信，也與孩子能否培

養出自信息息相關。

那麼現在沒有自信的媽媽們該怎麼做才好呢？

我認為沒自信的話，就想辦法靠自己培養自信即可。

自信是可以靠自己培養的。

因為自信的真面目，就是深信自己「只要有心就辦得到」。只要自己的努力、成果或生存價值受到肯定，聽到「好厲害喔！你很努力呢！」並反覆獲得這種體驗，自然就會慢慢產生自信。就算是毫無根據的稱讚也

媽媽我也很厲害喔。

嗯、嗯

生氣時很厲害

肚子也很厲害

無妨。

首先，請先告訴自己「你也可以擁有自信」。然後對於孩子與自己的存在或行為，反覆給予正面的評價。

請養成習慣每天進行這件事。只要持之以恆的話，應該會發現在培養出孩子自信的同時，媽媽自己也變得更有自信了。

換句話說！

「媽媽我也很厲害喔。」

58

『看來我的教育方法有問題』

對孩子說這種事情，孩子也沒辦法做什麼。

重要性 ★★★★★

在不斷撞牆的育兒生活中，忍不住對著不聽話的孩子說出：

「看來我的教育方法有問題。」

☆ 挽回育兒的「失敗」。

孩子的反抗很嚴重時，或是很多問題行為時，任誰都會忍不住回首過去，思考「那件事情做錯了」、「那個時候如果這樣做就好了」，最後不禁反省「該不會我的育兒方法失敗了吧？」。

但是直接對孩子說出「看來我的教育方法有問題」，等於全盤否定了至今的育兒過

程與孩子的人生。

不僅說出這句話的父母本身覺得悲傷，連聽到這句話的孩子也不知道該怎麼辦才好，可以說是只會造成傷害的一句話。

我們也可以換個角度思考，孩子反抗或是做出問題行為時，正好是重新審視育兒方法的好機會。

我的人生是錯誤嗎？
那請妳負起責任吧！

大家都要健康

謝謝你們
在我的養育下
健康長大

或許是至今的育兒方法有哪裡不足，所以才會出現反抗或問題行為……也就是說，孩子是在用言行告訴父母「有不足之處」的事實，並希望父母能修正。

不足的地方或許是「孩子想撒嬌時沒能讓他好好撒嬌」，也或許是「希望父母更加認同自己」或「希望父母能更嚴厲地對待自己」等。每對親子的狀況都不一樣，所以只要認真審視，肯定能夠挽回失敗。

現今有許多父母都誤認為「孩子的人生只有一次，所以絕對不能失敗」，結果在育兒

過程中把自己逼得很緊。

要不要試著換個想法，想想在孩子還小的時候，就算失敗了也還能挽回呢？

當我們想要認真教養孩子時，真的會非常煩惱。有時心情會動搖，有時會忍不住想說喪氣話。

即使如此也無妨。

錯了只要再修正就好，因為每個人都是透過不斷的努力逐漸成長。

換句話說！

「謝謝你在我的養育下健康長大。」

試著從今天開始戒掉埋怨。
把目光放在未來，更帥氣地活著吧！

任誰都會有想埋怨的時候……但是埋怨具有破壞孩子心靈的力量。

媽媽埋怨的時候，孩子就會變成聽媽媽埋怨的垃圾桶。

孩子會認為自己「必須無條件承受媽媽的想法」。

但是孩子是很脆弱的，會因此產生「媽媽很不幸我卻幫不上忙，自己真沒用」等想法，最終不禁自責「這麼沒用的我要是沒出生就好了」。

如此一來，就連活著這件事本身都令孩子感到煎熬。

為了避免將孩子逼到如此境地……請各位和總是埋怨的生活方式說聲再見吧。

明天總會有新的風吹來。

我認為原諒過去的自己、原諒他人，把心思放在未來，展開率性生活的女性是很帥氣的。

第7章

「自己的人生要靠自己活！」的覺悟
能夠推動孩子的自信。

不要稱讚過頭

59

「你考100分，就給你100元」

用禮物或金錢等「獎賞」引誘孩子，效果並不長久。

孩子缺乏讀書幹勁時，就試著祭出獎賞作戰：

「你考100分，就給你100元。」

如此一來孩子就願意認真念書了，所以是好方法對吧？

☆ **著重於心靈鼓勵而非物質獎賞。**

我家女兒就算喊好幾次「快去讀書！」也不為所動，但要是告訴她「讀完書有蛋糕吃」的話，就會趕快跑去書桌前讀書。

孩子開心，父母也輕鬆，獎賞的威力真的很大。

但是用錯方法的話就會造成反效果。

我並不是要全盤否定給孩子獎賞這種方式，只是總是提供獎品的話，隨著次數增加，勢必得加強獎品的價值，經濟負擔也會愈來愈大。

此外「讀書就有獎賞」不知不覺間會變成「為了獎賞而讀書」。要是孩子心想「沒有獎賞就不讀書」而失去幹勁，或是「為了獎賞不擇手段」竄改成績的話就傷腦筋了。

不拿出更好的禮物，我就努力不了了。

140

所以請不要用物品或金錢引誘孩子，改成大量給予肉眼看不到的鼓勵吧。

例如放長假時一起出去玩，把這類親子同樂的體驗當作「獎勵」也是很棒的方法。

此外，特別是在孩子低年級的時候，稱讚他也是很有效果的獎勵方式，例如對孩子說「好厲害！你一個人解出這麼難的題目嗎？」、「你讀書的模樣好帥氣！」等等。

稱讚孩子的訣竅，在於別執著於分數與排名等「結果」，而是稱讚孩子主動坐到書桌前、正在做功課等「過程」。因為我們無法左右「結果」，但是孩子自己就能夠控制「過程」。

換句話說！

「好厲害喔，這麼難的問題也解得出來。」

仔而更辛苦了⋯⋯

拿不到100元了

在意這個啊

嗚哇哇哇

75

60

「一定要第一名！」

對孩子施加不必要的壓力，會摧毀孩子的自信。

文武雙全的「優秀孩子」
是我的理想。
為了實現理想，
我總是嚴格教育孩子…
「一定要第一名！」

☆ 不要過於執著勝負。

只要努力的話，通常都能夠拿到差不多合格的結果。如果還要再往上拿到第一名的話就很困難了，所以有些人會很堅持「不是第一名就沒意義」。

為了引導出孩子的幹勁，讓孩子以第一名為目標努力競爭，也是一種推動孩子氣勢的方法。這種方法符合孩子個性的話，孩子

不拼命努力的話
就會被媽媽拋棄！

就會享受競爭並逐漸成長。

但是仍有一些必須注意的地方。
那就是長期維持孩子贏了就稱讚、輸了就貶低的狀態時，孩子會開始認為「競爭一定要贏」、「不是第一名就沒意義」，結果出於好意說出的話反而變成詛咒，讓孩子不成為世界上最優秀的人就無法由衷感到喜悅。

重要性 ★★★★☆

世界上有五花八門的人，比較與競爭都是沒完沒了的。

而且有時候需要的不是競爭，而是互助合作、互相退讓，有時候必須得輸才行，甚至有句話叫做「認輸的才是贏家」呢。

對育兒非常有熱情的爸爸媽媽們，很容易會誤以為「孩子的成績與能力＝自己的評價」，但是過於執著第一名的話，孩子會非常辛苦。

若被父母斥責「不是第一名就不行！」的話，孩子就不是為了自己的喜悅而努力，只是因為不想辜負父母的期待，甚至是害怕辜負期待會被拋棄，才會這麼拚命努力……這樣的孩子長大後，可能會變成沒有指令就不會做事情，總是看他人臉色行事、毫無自信的人。

所以我認為，執著於「第一名」其實是一件愚昧的事。

比「自己的爸爸和媽媽才是最棒的！」。

畢竟孩子總是認為，不管和其他什麼人

第1名的詛咒……

陰～森～森～森～

換句話說！

「盡你最大的努力吧。」

143

『你有心就一定辦得到』

雖然很常用來鼓勵人，但其實是必須留意用法的危險話語。

重要性 ★★★☆☆

孩子總是翹掉運動的練習，讀書也不肯認真。

不管如何鼓勵孩子「你有心就一定辦得到」，孩子也絲毫提不起幹勁。

☆ 藏在內心比說出來更好。

看到孩子努力的成果時，我們會用「你有心就辦得到嘛！」這句話來認同孩子；孩子明明有實力卻不夠勇敢時，也會說「你有心肯定辦得到！」推孩子一把。雖然這句話看起來相當正面，但實際上在使用時也必須多加留意。

就算花的時間相同、做的事情相同，每個人能夠拿出的成果因人而異。

雖然父母是在評估孩子的實力之後，認為「這點小事應該辦得到」才鼓勵孩子「有心就辦得到」，但是父母往往會因為期望過高而評估錯誤。

若是父母過度高估孩子，持續告訴孩子「不，你只要有心的話一定可以辦到，因為你很聰明」的話，孩子只會滿心自卑，認為「我有在努力了！我很認真去做了，但還是

> 我有在努力啊……
> 努力也辦不到的自己
> 是沒用的孩子嗎？
> 不要再逼我了！

辦不到啊！」。

這樣非常痛苦對吧？孩子簡直是被逼到絕境了。

經常聽到「有心就辦得到」這句話的孩子當中，有些孩子會乾脆選擇什麼都不做。

因為如果「有心去做了」卻發現辦不到的話，就等於證明自己是沒用的孩子。只要什麼都不去做，那麼就可以一直抱持著「自

己有心就辦得到」的期待。

結果「什麼都沒做」，就這樣長大的人並不罕見。

儘管如此，身為父母還是無法捨棄「我家孩子有心就辦得到」這樣的期望。

這時只要經常提醒自己「有些事情不是做了馬上會有成果」，也不要把這句話整天掛在嘴上……只要在內心深信「我家孩子有心就辦得到」即可。

換句話說！

「你很努力了呢。」

62 「真可憐」

失敗時、沮喪時⋯⋯或許光憑同情是克服不了的。

孩子很可惜地考試落榜了⋯⋯

雖然父母也很失望，

但是孩子本人已經很沮喪了，

所以就跟孩子說「真可憐」安慰孩子。

☆ 練習憑自己的力量克服難關。

任誰都有想著「我怎麼會這麼可憐？」並自怨自艾的時候。每個人偶爾都會陷入沮喪、悲傷、消沉的情緒中。

這時我們會感受到自己的脆弱。並且誤以為不會出現這種負面情緒的人才是「強悍的人」。

但是真正的強悍，是懷抱著負面情緒仍能夠繼續努力。

要比喻的話，就是這種強悍不是不會輸的強悍，而是輸了也能夠重新振作起來的強悍。無論被打倒多少次，即使哭著還是會重新站起來，我認為這才是真正的強悍。

人在覺得自己「很可憐」的時候，就會覺得自己愈來愈悲慘，離真正的強悍就愈來愈遠。

> 我是悲劇女主角，
> 是世界上
> 最不幸的小孩。

146

孩子在困難中受挫而沮喪時，父母可以將其視為「孩子正在練習如何憑自己的力量重新振作」。

如同嬰兒時期會透過跌跌撞撞學會走路一般，孩子正在學習無論陷入沮喪多少次，都能夠振作的方法。

有句話叫做「危機就是轉機」，沮喪之後其實也會迎來大大的成長。相較於安慰與同情，身為父母只要跟孩子說「你一定沒問題」，信賴他並從旁靜靜守候即可。

世界上到處都有悲慘的命運、不幸與悲傷，有些孩子的境遇是真的非常可憐，儘管如此，我仍不想要基於同情而隨口說出「真可憐」。

無論發生什麼事情，太陽總會升起，明天總會到來。人生經驗比孩子豐富的大人，必須引導孩子積極面對未來，告訴他們「未來肯定會有快樂的事情發生！」。

換句話說！

「你一定沒問題。」
「這反而是個機會。」

別擔心！

63

『再加油一點！』

雖然是想鼓勵孩子，卻可能反而造成壓力。

重要性
★
★
★
☆
☆

孩子用自己的方式在努力，結果卻差強人意……

為了讓孩子再挑戰一下，於是鼓勵孩子：

「再加油一點！」

☆ 認同孩子的努力吧！

我們經常對孩子說「加油」，運動會等場合，也會在觀眾席拚命喊著：「加油！加油！」

但是除了這些場景之外，「加油」這句話依使用情境不同，有可能會造成反效果。

其實我就曾遇過這樣的情況。我以輕鬆的心情對正在準備考試的孩子說：「加油！」

> 我已經很努力了……
> 還必須更努力嗎……

結果孩子說：「那是當然的啊！我不是正在加油了嗎？」並哭了出來，所以我就修正說法：「那……不然不要努力加油了？」結果孩子就生氣了：「媽媽妳這個笨蛋！」

雖然過一陣子冷靜下來後，孩子還是說「我會加油的」，但是總覺得自己做了不太好的事。

正在努力的時候還聽到「再加油一點」，

很努力了呢

以你的方式…

會覺得當前的努力被否定了，內心反而更加痛苦。

長久持續下來，孩子或許會認為「再加油一點→現況還不行→你是沒用的小孩」，覺得自己被否定了。

但是如果反過來說「不加油也無妨」，則會變成在告訴孩子「你努力也沒用」。

我認為想要讓孩子樂觀積極的話，就要告訴孩子「我明白你的努力」、「我認可你的努力」。

相較於「再加油一點」，還是建議用「你很努力呢」、「你已經很努力了呢」去鼓勵孩子比較好。

我在讀孩子的英語教材時，發現美國在孩子準備挑戰某件事的時候，會跟孩子說「Relax（放鬆）」或是「Enjoy（享受）」。

所以開朗地對孩子說聲「去好好享受吧！」或許也不錯。

換句話說！

「你很努力呢。」
「你已經很努力了呢！」

64

「我是為了你好」

真正為的是誰？父母是否為了自我滿足而利用孩子了呢？

重要性 ★★★★★

孩子不想學習了。

要求孩子學習

明明是為了他的前途……

但是就算說「我是為了你好」

孩子仍然毫無幹勁。

☆ 想想自己是否真的是為了孩子。

育兒時所說的「我是為了你好」，其實是句很恐怖的話。

會說「為了你好」的人，都真心認為自己是「為了孩子」。但是父母為孩子著想，是天經地義的事情，那麼為什麼還會特地把「我是為了你好」說出口呢？

舉例來說，有位說著「我是為了你好」

並且非常熱衷於要求孩子學習英文的媽媽，或許是因為自己在學校或工作上有過什麼悔恨的回憶，一方面不希望孩子經歷相同的事情，另一方面又想藉由孩子來彌補遺憾也說不定。

會說出「為了你好」的人，內心深處往往隱藏著想一掃自身陰霾的動機，不是真的為了孩子的成長著想。

爸媽明明是為了我好才這麼說，我卻聽不進去……覺得好有罪惡感。

因為今天很冷
我是為了你好！

是妳自己
很冷吧？

聽到父母說出「為了你好」時，孩子都會深信不疑。

但是在孩子的內心某處，仍會捕捉到父母不純的動機，因此無法坦率地遵從父母的指示。

為此，孩子會在父母的想法與自己的想法之間兩難，自責地認為「為什麼我沒辦法照爸媽的指示去做呢？為什麼沒辦法由衷感謝他們的愛呢？」，甚至可能背負罪惡感，心想「我是惹父母傷心的壞孩子」。

「為了你好」這句話會將所有的一切都正當化。

「我是為了你好。」發現自己不禁反覆說出這句話時，請檢視自己內心是否有什麼缺憾吧。就算最終還是交給孩子自行判斷，但是自己是否試圖影響孩子的想法呢？

這時請試著捫心自問：「我真的是為了這個孩子好嗎？是不是其實是為了我自己才這麼說呢？」

換句話說！
「你想怎麼做呢？
只要自己決定就好。」

65

「你要和大家當好朋友才行」

逼迫孩子八面玲瓏，孩子會逐漸搞不清自己的好惡。

重要性
★ ★ ☆ ☆ ☆

孩子即將上小學了。

因為期望孩子交很多朋友，享受學校生活，所以就告訴孩子：

「你要和大家當好朋友才行。」

☆ 所謂的「大家」是誰？

「和大家都是好朋友」聽起來很理想對吧？大多數的媽媽都希望自家孩子被許多朋友環繞，和朋友一起學習玩耍，在與許多人交流的同時成長。我也曾叮嚀過自己的孩子「要和大家當好朋友」。

但是其實我不禁這麼想……包括我在內的大人真是狡猾。

為了和大家當好朋友，不管發生多麼討厭的事情都得忍耐……

明明自己也有不擅長應付的人、討厭的人，根本沒辦法跟「大家」都當好朋友，卻要求孩子「必須和大家當好朋友」。

世界上有各式各樣的人。

每個人都有自己的個性，想要和所有人都當好朋友，就必須學會八面玲瓏。

152

個性合群的孩子或許表面上看起來很會與別人往來，但是必須和「大家」當好朋友的壓力，會讓孩子為了配合群體而無法說出內心話，不敢做想做的事情⋯⋯如此一來，就沒辦法培養出自信了。

所以在孩子苦惱沒辦法與「大家」當好朋友之前，大人先承認「和大家當好朋友」只是表面的漂亮話比較好。

有人喜歡和許多朋友一起玩鬧，有人認

為就算朋友不多，只要是心靈相通的好友就夠了，也有人很享受獨自一人持續探索自己的世界。

就算大多數人都想和大家當好朋友，也不代表這是必須實現的義務。

我認為「要和大家當好朋友」的真正意思，是指和喜歡的對象和睦相處，遇到不擅長應付的人也能夠圓滑帶過，恰如其分地度過開心的每一天。

換句話說！

「你們能當好朋友真是太好了。」
「有許多不同的孩子呢。」

「你是我的生存意義」

將孩子視為生存意義，就必須依賴孩子的人生。

重要性 ★★★★☆

過著以孩子為中心的生活。

將照顧孩子視為人生的意義。

所以每天都很充實，非常開心！

真想和這個孩子

一輩子都在一起。

☆ 請成為不依賴孩子的母親吧。

為了孩子的一句「好吃」而努力煮飯、為了看見孩子的笑容而帶著孩子到處玩、為了在孩子的運動會占位置而一早就出門……育兒生活中，媽媽總是繞著孩子團團轉呢。

我也認為因為有孩子，才會有現在的自己。

相信很多父母都是如此。

儘管如此，為什麼不能說出「孩子是自

背負著媽媽的人生，
就沒辦法隨心所欲
過自己的生活了。
天哪，好沉重。

己的生存意義」這句話呢？

因為這句話會阻礙孩子的人生。

任誰都需要生存的意義。

但是將孩子視為生存意義的話，父母就會緊抓著孩子不肯放手，親子雙方都無法離開對方獨立。

嬰兒時期還沒關係，但要是一直持續到長大就不妙了。

從孩子的角度想想就可以明白了，假設母親一直對自己說這種話會怎樣呢？假設婆婆將兒子（也就是自己的丈夫）視為生存意義的話會怎樣呢？

會覺得很苦悶吧？會希望對方鬆手，找找孩子以外的生活樂趣……對吧？

孩子到了青春期，也會開始將父母視為「獨立的一個人」。

這時孩子如果意識到自己的父母將自己視為生存意義，會怎麼想呢？

或許父母最好要做好心理準備，不是要讓孩子獨立，而是要自己學著獨立。

工作也好、當志工也好、培養自己的興趣也好，除了育兒以外，有沒有什麼能夠讓你感到快樂的事呢？有沒有什麼能夠為他人帶來助益的事呢？

慢慢來沒關係，要不要從現在開始練習讓自己獨立呢？

換句話說！

「每天都很開心喔！」

當志工 每天都很開心！

工作

興趣

孩子就算獨立了
還是深愛著媽媽。
果斷地放手，
然後享受自己的人生吧。

　　我們身為父母，總是忍不住將自己的人生與孩子重疊，下意識地想要掌控孩子。明明愛著孩子，卻要加上「因為你是乖孩子」等理由，或是附帶條件、強迫孩子接受自己的價值觀等等。

　　我想，正因為是父母才會如此吧？因為還記得孩子什麼都依賴自己的童年，所以忍不住認為「我懂那孩子的一切」。

　　於是就對孩子的人生產生過多的想法，甚至過於貼近孩子的人生。

　　但是……這是不行的。

　　孩子是獨立的個體，擁有與父母不同的人格。若是父母干涉孩子的人生，別說自信了，恐怕連內心都無法成長健全。

　　育兒，會一天一天地慢慢接近終點。

　　親子之間漸行漸遠也是極其自然的事……所以偶爾也試著回顧自己的心態，確認一下自己未來是否能夠果斷放手吧。

結語

本書介紹了許多有助於培育孩子自信的話語。

只要有任何一句能讓各位覺得「嘗試看看吧」、「改變看看吧」，我將深感榮幸。

雖然是後記了，但我想補充兩點內文沒提到的事。

同一句話在「不同狀況」下，也會有不一樣的意思！

雖然本文寫了很多「這句話不行」、「換成這句話看看吧」之類的例句，但是溝通並非光靠語言而已。

表情與聲調等同樣都有重要的意義。

同樣是「笨蛋」、「阿呆」，既可以語帶輕蔑，也可以是對孩子做傻事的吐槽，例如「你在耍笨嗎（笑）」，或是飽含複雜愛情的「笨蛋♡」。

此外帶有嘲諷意味的「真不愧是你」，聽起來一點也不像稱讚的話。

若是透過聲調與表情，就能確實將自己為孩子著想的心情傳達給孩子的話，那麼就算用詞本身有點問題，也沒關係。

要對「缺乏自信」這個狀態更有自信！

每個人都會有不夠好的地方。

當然不會有人擁有百分之百的自信。

煩惱著「這樣好嗎」或是滿心擔憂、搖擺不定，也是為孩子著想所致。父母想要接受孩子成長過程中的巨大變化，勢必得經歷這樣的過程。

各位不用太過執著於有沒有自信，不，應該說請各位認為「沒有自信也無妨」。

父母願意肯定自我的話，孩子也能夠從父母的態度中學會肯定自我，認為「自己這樣子也很好」。

最後我要在此鄭重道謝。

在許多人的大力協助之下，本書才得以順利出版。

我要謝謝運用自身經驗畫出許多可愛插圖的速水えり老師，以現在進行式每天提供各種靈感的家人，還有總是在某處支撐我的幼稚園與學校老師、左鄰右舍、各位親朋好友，還有曾因為育兒太痛苦而哭出來的當時的自己。

最後，也要謝謝和當時的我有著同樣苦惱的「你」。

由衷地對各位說聲「謝謝」。

2020年春天　曾田照子

作者介紹

曾田照子

千葉縣出身，畢業於日本東洋大學文學系。曾任廣告製作公司文案設計師，後來獨立
成為自由接案者。現在則活用養育三女的經驗撰寫相關書籍，著作包括《子どもを伸
ばすママの言葉がけ 言ってはいけないNGワード55》（メイツ出版）、《「お母さ
んの愛情不足が原因」と言われたとき読む本》（中經出版）等。

插畫家介紹

速水えり

主要從事可愛的插圖、指南書插圖、兒童讀物插畫等創作，並將養育三名兒女的生活
畫成四格漫畫，全力享受育兒生活中。
http://erihayami.com/

Kettei ban Mama, Iwanai de! Kodomo ga Jishin wo Ushinau Kotoba 66
© Teruko Soda/Gakken
First published in Japan 2020 by Gakken Plus Co., Ltd.
Traditional Chinese translation rights arranged with Gakken Plus Co., Ltd.

與孩子對話的66堂練習課
掌握孩子需求的7大關鍵心理×66個例句解析，打造快樂的親子關係

2020年12月1日初版第一刷發行

作　　者	曾田照子	
插　　畫	速水えり	
譯　　者	黃筱涵	
編　　輯	邱千容	
封面設計	水青子	
發 行 人	南部裕	
發 行 所	台灣東販股份有限公司	

<地址>台北市南京東路4段130號2F-1
<電話>(02)2577-8878
<傳真>(02)2577-8896
<網址>http://www.tohan.com.tw
郵撥帳號　1405049-4
法律顧問　蕭雄淋律師
總 經 銷　聯合發行股份有限公司
<電話>(02)2917-8022

著作權所有，禁止翻印轉載。
購買本書者，如遇缺頁或裝訂錯誤，
請寄回調換（海外地區除外）。
Printed in Taiwan

TOHAN

國家圖書館出版品預行編目(CIP)資料

與孩子對話的66堂練習課：掌握孩子需
求的7大關鍵心理×66個例句解析,打
造快樂的親子關係／曾田照子著；黃
筱涵譯. -- 初版. -- 臺北市：臺灣東販
股份有限公司, 2020.12
160面；14.7×21公分
ISBN 978-986-511-537-1（平裝）

1.親子溝通 2.親子關係 3.親職教育

528.2　　　　　　　　　　109016979